掼蛋。技巧秘籍

王雄 编

高水平玩家的**制胜技巧与心得**

人民邮电出版社

北京

图书在版编目（CIP）数据

掼蛋技巧秘籍：高水平玩家的制胜技巧与心得 / 王雄编. -- 北京：人民邮电出版社，2024.2（2024.4重印）
ISBN 978-7-115-63330-9

Ⅰ. ①掼… Ⅱ. ①王… Ⅲ. ①扑克－牌类游戏－基本知识 Ⅳ. ①G892.1

中国国家版本馆CIP数据核字(2024)第017859号

免 责 声 明

内 容 提 要

本书共分为5章。第1章初步介绍掼蛋规则，帮助读者了解游戏的基本要素。第2章重点介绍实战中的常用技巧，包括牌型分析、出牌技巧、闯关技巧和残局攻防技巧等。第3章介绍如何判断手牌的牌力，并制定打牌策略。第4章介绍主攻方的打牌技巧，帮助读者在进攻时更有把握。第5章介绍助攻方的打牌技巧，帮助读者在支持队友的同时保持优势。

无论是掼蛋初学者还是有一定经验的玩家，都可以从本书中获得一些有益的指导和启发。

◆ 编　　　王　雄
　　责任编辑　林振英
　　责任印制　彭志环

◆ 人民邮电出版社出版发行　　北京市丰台区成寿寺路 11 号
　　邮编　100164　　电子邮件　315@ptpress.com.cn
　　网址　https://www.ptpress.com.cn
　　北京虎彩文化传播有限公司印刷

◆ 开本：700×1000　1/16
　　印张：6.5　　　　　　　　　　　2024 年 2 月第 1 版
　　字数：110 千字　　　　　　　　2024 年 4 月北京第 3 次印刷

定价：39.80 元

读者服务热线：(010)81055296　印装质量热线：(010)81055316
反盗版热线：(010)81055315
广告经营许可证：京东市监广登字 20170147 号

目　录

第**1**章

了解掼蛋及相关规则

　　规则是掼蛋游戏的基础。只有掌握了规则，玩家才能更好地制定策略、运用技巧，从而赢得游戏。

　　本章内容介绍了掼蛋游戏的定义以及玩法，旨在帮助读者了解掼蛋游戏的基础知识。

什么是掼蛋

    掼蛋作为一种纸牌类智力竞技游戏，使用两副扑克牌作为游戏工具。四名参与者分成两组进行对战，并按照逆时针方向依次抓牌和出牌。四名参与者分别出完手中所有牌的先后顺序决定了升级数，升级数的多少决定了胜负。

掼蛋的牌型

- ## 单张

  任意一张牌，如 2。

- ## 对子

  两张牌点相同的牌组成的牌型，例如 22、两张大王、两张小王等。

- ## 三连对

  三个牌点相邻的对子组成的牌型，例如 22-33-44。

- ## 三同张

  三张牌点相同的牌组成的牌型，例如 222。

● **三同连张**

　　两个牌点相邻的三同张组成的牌型，例如 222-333。

● **三带对**

　　一个三同张加一个对子组成的牌型，例如 222-33。

● **顺子**

　　五个牌点相邻的单张组成的牌型，例如 34567。顺子最小从 2 开始，即 23456；最大到 A 结束，即 10JQKA。因此，JQKA2 是错误的牌型。

● **炸弹**

　　四张或四张以上牌点相同的牌组成的牌型，例如 2222、33333、444444 等。

● **同花顺**

　　花色相同的顺子，例如黑桃 34567。

● **四大天王**

　　两张大王和两张小王组成的牌型。

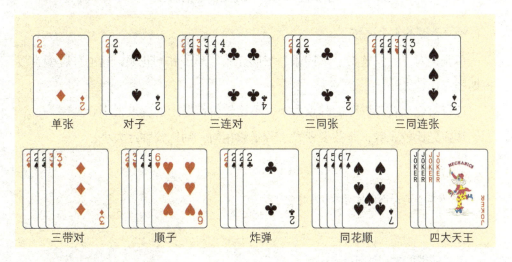

单张　　　对子　　　三连对　　　三同张　　　三同连张

三带对　　　顺子　　　炸弹　　　同花顺　　　四大天王

掼蛋的牌型大小比较

在学习如何比较相同牌型和不同牌型的大小之前，需要先了解掼蛋牌点的大小排序规则。

● 牌点的大小

掼蛋的牌点由大到小的排序是：大王、小王、级牌、A、K、Q、J、10、9、8、7、6、5、4、3、2。

> **提示**
>
> A参与搭配成三连对、三同连张、顺子、同花顺时，可作为最小牌点1使用。

● 牌型的大小

牌型的大小比较分为相同牌型的大小比较和不同牌型的大小比较。

◎ 相同牌型的大小比较

单张、对子、三连对、三同张、三同连张、顺子和同花顺，这七种牌型直接根据牌点比较大小。

三带对仅比较三同张的牌点大小，不比较所带对子的牌点大小。

炸弹先比较张数，张数多者大，若张数相同，则比较牌点大小。

> **提示**
>
> 各种牌型的大小比较均不涉及花色。

◎ 不同牌型的大小比较

四大天王＞六张数及以上的炸弹＞同花顺＞五张数炸弹＞四张数炸弹＞7种牌型（单张、对子、三同张、三带对、三连对、三同连张和顺子）。

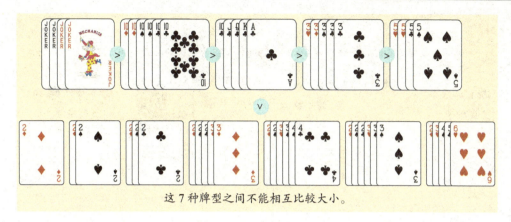

这 7 种牌型之间不能相互比较大小。

1.4

级牌的插带使用

掼蛋比赛每局第一副牌的级牌为 2。每副牌结束时，本副级牌数累计本副上游的升级数，即为下副牌的级数。每副牌的级牌共有 8 张。

● 级牌的插带使用

当级牌参与顺子（含同花顺）、三连对、三同连张的组牌时，级牌只能按照原始牌点大小插在牌型中，不能向下与 A 组牌。

● 红桃级牌的插带使用

红桃级牌又称红心级牌，可以替代大王、小王之外的任意牌张，从而参与不同牌型的组合。当红心级牌充当其他牌张参与组牌时，应将红心级牌摆放于所替代的牌点位置，并在必要时说明牌型及牌点。

提示

例如，级牌为 6 时，手牌中有 ♠6 和 ♥6，下图为级牌的插带使用示范。

♠6 以原始牌点组成顺子

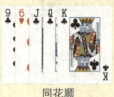 ♥6 替代 ♠10 组成同花顺

顺子　　　　　　　　　　同花顺

1.5

掼蛋的玩法和规则

　　按照掼蛋玩法的流程，以下先后讲解入座、洗牌、切牌、抓牌、贡牌、还牌、出牌、借风出牌和 10 张报牌。

● 入座

　　日常与朋友组局比赛时，可根据抽牌的点数和花色决定座次，入座后相对而坐的玩家为同盟，左右两侧为对手。本家按逆时针方向数，依次为下家、对家和上家。

　　参加竞技比赛时，应按照主办方公布的桌号和方向入座。

● 洗牌、切牌、抓牌

　　洗牌、切牌和抓牌的规则，在首副牌和次副牌两种情况下有所不同。

◎ 首副牌

　　由东家彻底地洗牌 5~7 次，再将洗好的牌放置在牌桌中央。

　　由南家切牌并翻出一张牌（明牌），如翻出的牌为王牌或红桃 2，则需重切和重翻。

从南家开始，根据明牌的点数按逆时针方向数，以确定首抓牌玩家，如明牌是 A，南家首抓牌；明牌是 2，东家首抓牌，以此类推。抓牌时按照逆时针方向依次抓牌，抓到明牌的玩家成为首圈领出牌的玩家。

◎ 次副牌

从第二副牌开始，每次洗牌应彻底地洗 2~3 次。由上副牌中的上游的上家洗牌，上游切牌，下游首抓。如果是双下的情况，下副牌由上游的下家首抓。

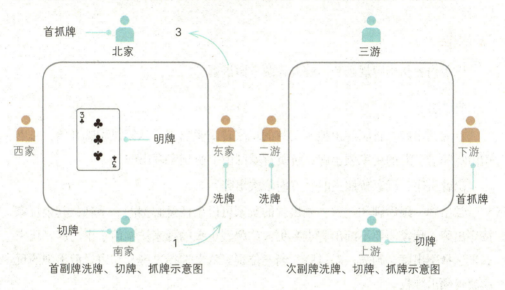

首副牌洗牌、切牌、抓牌示意图　　　　次副牌洗牌、切牌、抓牌示意图

● 贡牌、还牌

从第二副牌开始，在出牌前，需先贡牌和还牌。贡牌分单贡和双贡两种情况。两组玩家分别取得上游和二游的情况为单贡，如果同盟玩家为双下，这种情况则为双贡。

◎ 单贡与还牌

由上副牌的下游玩家从全手牌中选择最大的一张牌（红心级牌除外）向上游玩家进贡。上游玩家从全手牌中选择一张牌点在 10 以内的牌还给下游玩家，如果全手牌的牌点均超过 10，则选择全手牌中最小的牌还给下游玩家。

◎ 双贡与还牌

双贡时，由双下的两名玩家向对方进贡，上游玩家选择牌点较大的牌，搭档选择牌点较小的牌，并对应还牌。

如果贡牌的牌点相同，则按顺时针方向进贡，并对应还牌。

注意，无论是单贡还是双贡，首圈均由进贡给上游的玩家领出牌。

● 出牌

以下内容从出牌规则和出牌方式两方面讲解。

◎ 出牌规则

首圈领出牌：首副牌由抓到明牌的玩家首圈领出牌，从第二副牌开始，首圈均由贡牌给上游的玩家领出牌，抗贡首圈则由上游玩家领出牌。

出牌次序：玩家按照逆时针方向依次出牌。

领出牌、跟出牌和过牌：领出牌的玩家可以出任意牌型的一手牌，其余玩家按序出牌，玩家需要不断出牌点数更大或牌型更大的牌来压制前手出的牌。玩家如果选择不出牌，则需表态过牌，当三位玩家依次选择过牌，则由最后出牌的玩家获得领出牌权。

出牌结束：一般情况下，当三位玩家的全手牌出完时，一副牌自然结束。如果同盟方的两名玩家分别获得上游和二游，则一副牌自然结束。

◎ 出牌方式

第一：每次出牌，都需一次性出完一手牌，不得分次出牌。

第二：出顺子、同花顺、三连对和三同连张的牌型时，必须按照牌点大小，从小到大、从左到右顺序排列，不允许将牌张杂放。

第三：出三带对牌型时，需按照三同张在左侧，对子在右侧的顺序排列，不允许将牌张杂放。

● 借风出牌

当上游或二游打出最后一手牌后，余下的玩家都不再压牌，那么上游或二游的搭档将承接下一圈的领出牌权。

● 10 张报牌

当玩家出完一手牌后，剩余的手牌不超过 10 张时，应立即把手牌张数告知其余玩家。玩家报牌一次后，便不再报牌，其余玩家也不可追问余牌数。部分地方掼蛋规则要求玩家在剩余手牌不超过 7 张时，进行投牌。

如玩家未报牌或报错牌，则需判罚，判罚如下。

违规者未再次出牌（含过牌）：收回重出。

违规者已再次出牌（含过牌）：停止该玩家一圈的出牌权（包含领出牌权和跟牌权）。

违规者已出完全手牌：取消违规者在该副牌的名次，判其为下游，如搭档先于其出完全手牌，则保留搭档的成绩；若搭档未出完全手牌，直接判违规方双下，下一副牌不需贡牌，由双下任意玩家洗牌，下家切牌，对家首抓牌，上家首圈领出牌。

1.6

升级与胜负判定

在掼蛋游戏中，每副牌结束后，获得上游一方便可升级，游戏结束后，依据双方的升级数判定胜负。

● 升级的级数判定

在掼蛋游戏中，一副牌结束后，只有上游一方可以进行升级。根据上游搭档的游数，确定上游获得的级数。如果搭档是二游，胜方可以升三级；如果搭档是三游，胜方可以升两级；如果搭档是下游，胜方可以升一级。

> **提示**
>
> 　A 级必须打，如获胜方升级的级数超过 A，也不可跳过级数 A。打 A 的一方需一家获得上游，并且搭档不能是下游，才可过 A。

例如，当前由南家和北家打K，并且北家获得上游，南家获得三游。按规则胜方应升两级，由K向上升两级已经超过A，但由于A必打的规则，下一副牌由胜方打A，并且两名玩家必须一人获得上游，另一人不为下游才能过A。

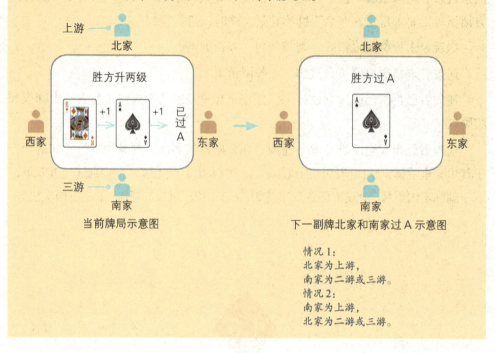

当前牌局示意图

下一副牌北家和南家过A示意图

情况1：
北家为上游，
南家为二游或三游。
情况2：
南家为上游，
北家为二游或三游。

● 胜负的判定

在掼蛋游戏中，不同赛制下胜负判定标准也不同。

计局制：每局比赛在一方过A时结束。

计副制：每局比赛打完规定的副数结束，级数高者胜。如其间某方已过A则自然结束。

计时制：每局比赛在规定时间内结束，级数高者胜。如其间某方已过A则自然结束。

注意，如打完规定的时间或规定的副数后，双方升级数相同，则加打一副牌，决出胜负。

第 2 章

掼蛋实战技巧

　　想要成为掼蛋高手，需掌握一些必备实战技巧，如牌型的分布、组牌的技巧，出牌的技巧、闯关的技巧和残局攻防技巧等。

　　本章将以案例形式，讲解以上掼蛋实战技巧，带你成为掼蛋王者！

了解牌型的分布

在掼蛋牌型中，单牌、对子、三同张、三带对、三连对、三同连张和顺子这7种牌型相互之间不能压牌。了解这些牌型的分布，有利于我们在组牌和出牌时制定策略。

● 高频牌型

在一副牌中，一般单张最为常见，其次是对子，再次是三带对与顺子，并且三带对比顺子常见。如需顺牌，应保留更为常见的牌型。

> **说明**
>
> 在组牌时，一般都会将三同张和对子组成三带对，通过组牌减少困难牌和手数，而前期先组顺子，一旦拆开，便很难再组牌，因此，三带对比顺子常见。

● 低频牌型

在一副牌中，一般三连对、三同连张和三同张属于不常见的牌型。因牌型不常见，领出这些牌型时可消耗对手的牌力，有时甚至可转化为封顶牌，获得领出牌权。

> **说明**
>
> 组成三连对和三同连张的牌需牌点相同，且牌点相连，因此，组成这两种牌型的概率较低。
>
> 三同张与红心级牌可组成炸，与小对子可组成三带对，因此，三同张也属于不常见的牌型。

● 牌型相生相克属性

在一副牌中，一般炸弹多，单张相对就可能多。

在全手牌中，顺子多，则三带对数量就相对少，三带对多，则顺子数量就相对少。玩家出顺子，则余牌可能有对子；出三带对，则余牌可能有单牌。

2.2
组牌的技巧

组牌的目的是优化手牌、减少手数、减少困难牌、增加顺牌机会、增加封顶机会等。

● 把困难牌转化为可顺走的牌

从牌力的强弱来看，可将手牌大致分为炸弹、封顶牌、可顺走的牌和困难牌。炸弹和封顶牌是阻击对手和回手的牌型，这里不再赘述，接下来主要讲困难牌和可顺走的牌。

◎ 困难牌

困难牌是指牌点小，无法通过顺牌打出，只能在获得领出牌权后领出的牌，并且，领出之后无回手牌，需耗费牌力（出炸）才能上手。如牌点小于 10 的单张，牌点小于 6 的对子等。

注意，牌点小的三带对和顺子的属性是可变的，当这两种牌型成为对手玩家的空门牌型时，本为困难牌的三带对和顺子，就成了封顶牌。

◎ **可顺走的牌**

其他玩家领出时，本家可顺走一些牌。高频牌型中 10 以上的单牌，6 以上的对子一般都可算作可顺走的牌。

注意，同一牌型需顺走 2 手牌时，应做好最多顺走 1 手牌的准备。

实例分析

如级牌为 2，下图为全手牌，组牌后把牌点在 10 以内的困难牌和可顺走单独提出。

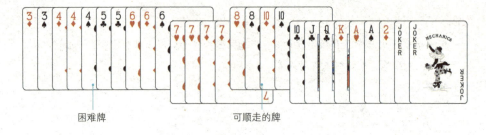

困难牌　　　　　　　　可顺走的牌

全手牌中有 2 手三带对和 2 手对子，转换一下组牌思路，可争取顺牌机会，增加封顶牌的概率，组牌策略如下图所示。

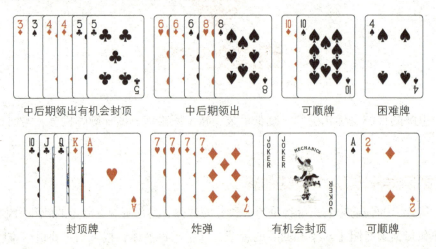

中后期领出有机会封顶　　中后期领出　　可顺牌　　困难牌

封顶牌　　　　炸弹　　　有机会封顶　　可顺牌

> **说明**
>
> 1. 单张 4 必须自己领出牌时才能打出，单张 A 或 2 大概率可顺走，并引出对手的大王。
>
> 2. 对 10 可顺牌打出，且有机会通过出一对小王封顶。
>
> 3. 把 2 手三带对拆开，组成三连对和三带对，可降低顺牌难度，且三连对是低频牌型，中后期领出，对手玩家通过组牌来阻击的概率较低。

14

● 拆牌再组牌

拆牌再组牌的目的是减少手数，增加牌力。

◎ 减少手数

手数是指全手牌全部打出所需的出牌次数，手数越少，获胜机会越大。

◎ 增加牌力

增加牌力需从三方面着手。

首先，减少困难牌，即减少需自己领出牌的次数。

其次，如需增加顺牌的概率，应保留更为常见的牌型；如需消耗对手牌力，应保留不常见的牌型。

最后，提高上手次数，即增加炸弹和封顶牌的手数，以获得领出牌权。

实例分析

如级牌为 2，全手牌如下图所示，在不拆牌的情况下组牌，手数为 11 手，上手次数最多为 3 手，减去可顺走的 3 手牌（加上同一牌型最多可顺走 1 手牌的条件），所需的领出牌次数为 5 手。

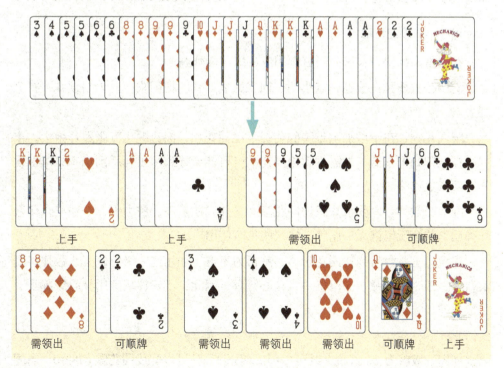

拆牌组牌后，手数为 10 手，且炸弹手数不变，炸弹牌型变大；新增 1 手三同连张封顶牌；对子和三带对各减少至 1 手，都有机会顺走，单张牌点变大。

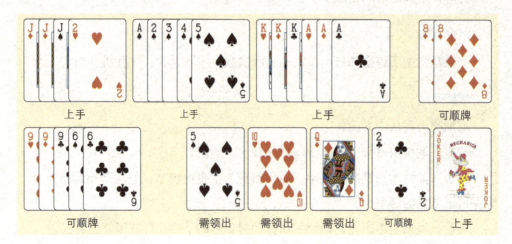

| 上手 | 上手 | 上手 | 可顺牌 |

| 可顺牌 | 需领出 | 需领出 | 需领出 | 可顺牌 | 上手 |

● 红心级牌的使用

红心级牌是最灵活的牌，它可以代替除王牌之外的任意一张缺牌。有时，一张红心级牌可盘活全手牌。

◎ 用红心级牌配炸弹

在掼蛋实战中，玩家一般首选用红心级牌配炸弹。

配四张数炸弹：选择牌点小的三同张配成炸弹，把困难牌变为封顶牌，提升牌力。

配同花顺：在不增加困难牌的前提下配同花顺，同花顺比五张数炸弹大，出牌后被压牌的概率低。如需拆牌组同花顺，可能会导致多出几手困难牌，建议优先组四张数炸弹。

配六张数炸：六张数炸弹比同花顺大，炸弹质量高，威力大，一般出六张数炸弹后，其余玩家都无法压牌，建议闯关时使用。

注意，五张数炸弹比同花顺小，威慑力不够。如用红心级牌配五张数炸弹既浪费 1 手四张数炸弹，又浪费一张红心级牌，因此，不建议玩家用红心级牌配五张数炸弹。

实例分析

如图，级牌为 2，红桃 2 既可以配成四张 3，又可以配成同花顺 678910，当配成同花顺时既增加了牌力，又减少了困难牌，这种情况下红桃 2 就适合优先配同花顺。

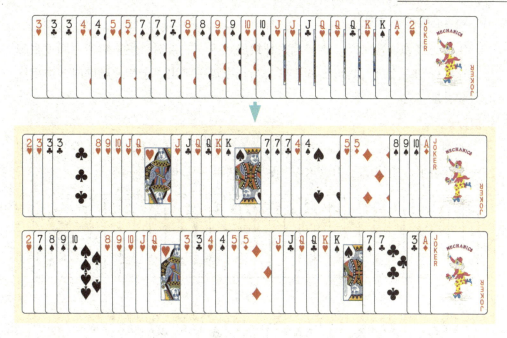

实例分析

如图，级牌为 2，红桃 2 既可以配成四张 J，又可以配成同花顺 45678，当配成同花顺时，便会比配成四张 J 时多出 3 手单张，这种情况下红桃 2 就适合优先配四张数炸弹。

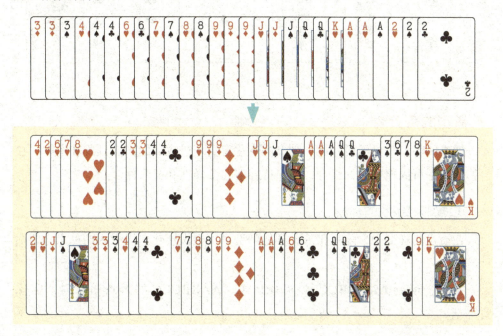

◎ 用红心级牌补缺牌

用红心级牌补缺牌时，一般用来补缺成顺子、三带对、三连对或三同连张牌型，这些牌型一手牌可打出 5~6 张牌。当玩家需一手出尽余牌或顺牌时，应用红心级牌补缺。

实例分析

如图，级牌为 2，组牌后单张有 9、J、Q、A、小王，把五张 10 拆开，再用红桃 2 代替 K，组成顺子 10JQKA，便可以顺走 3 手单张。

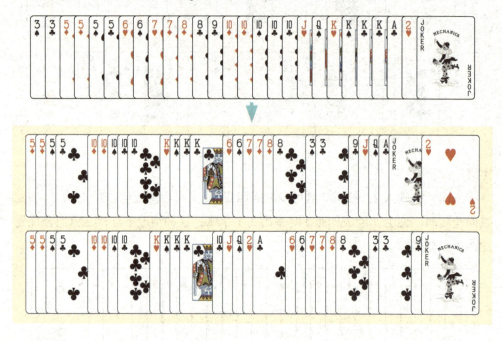

● 牌型的可变性

掼蛋的牌型是灵活可变的，牌型的变化有利于进攻、阻击、顺牌和送牌。在组牌时，不可固化牌型的组合，需保持牌型的多样性和灵活性。

◎ 保持牌型变化的可能性

在掼蛋的牌型中，除单张外，其他牌型都可再次转化，以下我们重点介绍两种情况。

第一：遇到 AAABBCC、AABBBCC、AABBCCC 的牌点组合时，需保留阵型。

实例分析

　　玩家手中有 8899101010JQQKKK，常见组牌方式如下图所示的两种。其中牌点 8、9、10 是保持牌型可变性的关键，因此，玩家出牌时应优先从 JQQKKK 中选择。

组牌方式 1　　　　　　　　　　　组牌方式 2

　　第二：当牌点相连的牌张大于或等于 7 张时，应保留牌点的延展性。如需出牌，应从两端选择。

实例分析

　　玩家手中有 44567899910JQQQK，当玩家需出牌时，应从两端选择，保持牌点的连续。例如需出三带对时就出 QQQ-44，需出单牌时就出 K，保持中间牌点的延展性。

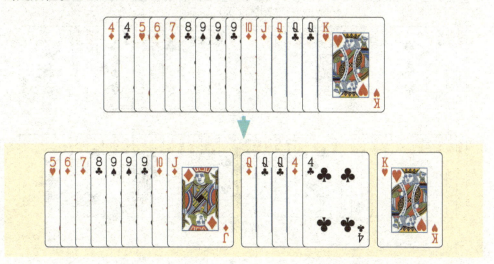

◎ **巧用级牌和 A**

级牌和 A 的牌点大小是可变的，其本身就具备可变性。

级牌的牌点不仅比 A 大，在组连牌（顺子、三连对、三连同张）时，还可以作为原始牌点使用。因此，在组连牌时需注意与级牌相连的牌点，通过下放级牌组连牌来减少手数。

牌点 A 在组连牌时，不仅可以向下与 K 组连牌，还可以下放至牌点 2 后面，向上组连牌。

实例分析

级牌为 6，全手牌如下图所示，如按照组牌方式 1 整理全手牌，会有 5 手单张。为了顺走单张 345，可以采用组牌方式 2 可以用级牌组顺子 23456，再将三连对和三同连张拆开，组成顺子牌型的封顶牌。当然，如果三连对和三同连张可顺牌，也可按照方式 3 组牌。

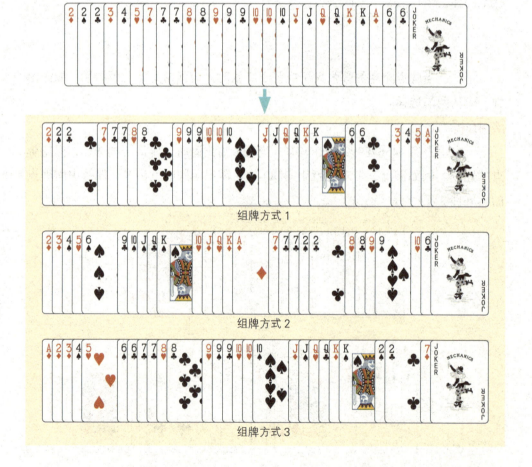

组牌方式 1

组牌方式 2

组牌方式 3

◎ **延后使用红心级牌**

　　红心级牌是灵活性最高的牌，是确保牌型可变性的利器，因此，红心级牌需延后使用。

实例分析

　　级牌为 5，全手牌如下图所示，牌力中等，以下展示 3 种红桃 5 的配牌方式。玩家一般会按照组牌方式 1 整理全手牌，但是，在出牌过程中会不断变牌，因此，红桃 5 需延后使用。

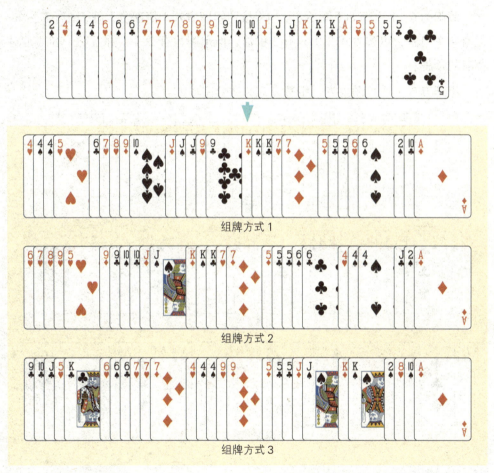

组牌方式 1

组牌方式 2

组牌方式 3

● **组炸的技巧**

　　炸弹是阻击和回手的强力牌型，据统计，在掼蛋的一副牌中，每名玩家手中的炸弹牌型平均为 2~3 手，常见的炸弹有四张数至六张数炸弹。

　　以下我们从炸弹的数量和质量分析组炸的技巧。

◎ **炸弹的数量**

在不增加困难牌的前提下，炸弹越多，牌力越强。注意，当炸弹和困难牌相矛盾时，可依据自己的身份定位来平衡。

主攻方：组炸之后，如新增 2 手及以上的困难牌，便不建议组炸。注意，若困难牌的牌型，有封顶牌回手，则可以考虑组炸。

助攻方：就算多出困难牌，也可以考虑组炸。

实例分析

级牌为 6，全手牌如下图所示，如果按照组牌方式 1 整理全手牌，则有 3 手炸，但有 4 手单牌，组牌方式 2 中只有 2 手炸，但单牌只有 2 手，并且顺子和三带对都有封顶牌。

组牌方式 1 适合助攻方，组牌方式 2 适合主攻方。

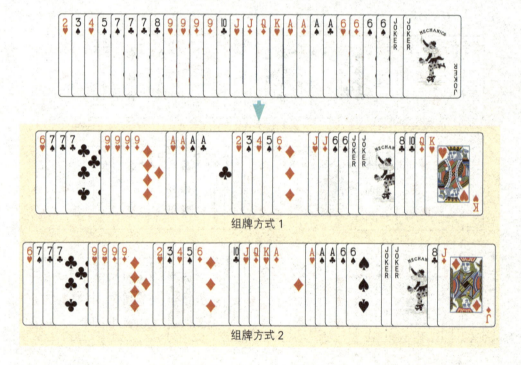

组牌方式 1

组牌方式 2

◎ **炸弹的质量**

当炸弹的数量已经确定时，优先考虑整体牌力的强弱，再看炸弹的大小。

实例分析

级牌为 6，全手牌如下图所示，炸弹数量最多为 2 手，为了减少手数和困难牌，建议用红桃 6 配成四个 4，把三个 4 从困难牌变为炸弹，再把五个 5 拆开组顺子，顺走小单张。

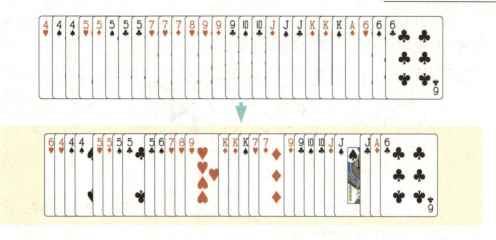

信息的收集、传递和隐藏

玩家的全手牌和各位玩家的每次出牌，都会透露一些信息。

● 信息的收集

重点通过全手牌和出牌判断其他玩家的手牌情况。我们需收集对手玩家不要的牌，以及对家想要的牌，以便我们在出牌时做出决策。

◎ 通过缺牌和单张判断

除王牌外，各牌点均为 8 张，玩家平均可得 2 张，本家全手牌的缺牌，其他玩家有可能组成了炸弹；本家全手牌的单张，其他玩家有可能组成了三同张。

注意，在此阶段的其他玩家，一般都可推测为对手玩家。

实例分析

如下图所示，全手牌中 10 为缺牌，69J 为单张，可初步判断 10 可能为炸，69J 有可能组成了三同张，进一步判断 910J 可能组成了三同连张或三连对。

综合以上信息，比四个 10 小的炸弹威慑力不够，比 J 小的三连对和三同连张有可能被对手顺牌，三带对牌型可能是对手的优势牌型。

◎ 出顺子

出顺子，则余牌可能有对子。在顺子牌的牌点区间，可能有单牌或对子，而有三带对或四张数炸弹的概率较低。

注意，依据牌型相生相克属性，也可推测该玩家手牌中三带对牌型少。

实例分析

如下图所示，级牌为 6，全手牌中 10JQKA 组成了同花顺和顺子，10~A 之间余单张 Q，因为顺子牌型为全手牌的优势牌型，手牌中没有三同张，33 和 44 便成了困难牌。

◎ 出三带对

出三带对，则余牌可能有单牌。如果玩家所出的三带对，对子牌点大，则可判断其手中已无三带对，以及手牌中的对子牌点大或没有对子。

同理，依据型相生相克属性，可推测该玩家手牌中顺子牌型少。

实例分析

如下图所示，级牌为 2，全手牌中 8 和 10 组成了三带对，J 组成了炸弹，因此，79K 无法组顺子，成了单张，并且，因为手牌中没有小对子，只能用对 Q 与三张 10 组牌。

◎ 过牌

重点关注对手过牌，如对手过牌，则该牌型是对手的空门牌型，或者对手的该牌型的牌点小。

实例分析

级牌为 2，余牌如下图所示，本家出 777-33，对手过牌，可推测对手有顺子或对子牌型，再次领出时可出 KKK-JJ，如对手再次过牌，可用红桃 2 配成三个 A 领出，剩下小王。

● **信息的传递**

信息的传递是指通过出牌，向对家传递信息，提高合作效率。

◎ **示意手中无红心级牌**

方法：领出三同张。

此方法适用于一副牌的中后期，不宜太早透露。

三同张加红心级牌就能配成炸弹，因此玩家领出三同张可表明自己手中没有红心级牌。

附加信息，玩家手中没有对子牌型，或者对子组成了三连对。

实例分析

如下图所示，级牌为 2，本家领出三个 5，对家就可推测你手中无红桃 2，手牌中没有对子，或有三连对，当对家领出时，如手牌中有三连对便会领出三连对。

◎ 示意手牌牌力强

方法：领出已封顶牌。

玩家领出牌时，一般会处理弱牌，如玩家领出某牌型的封顶牌，则表明其手牌牌力强。注意，该方法也可传递手中余牌的优势牌型，利于对家送牌。

实例分析

级牌为 2，玩家手牌如下图所示，其中一对小王和对 2 都已成为对子牌型的封顶牌。玩家领出 22，表明手牌中有一对小王，如无人压牌，则领出单张 10。

◎ 示意对家接牌

方法一：领出对家优势牌型。

玩家主动领出对家的优势牌型，便是主动送牌，对家可接牌。

方法二：报 9 出单，报 5 出单。

报 9 出单张，说明余牌为 2 手炸；报 5 出单张，说明余牌为 1 手炸，对手接牌时可放心处理困难牌。

实例分析

如下图所示，当余牌为 9 张时，领出 Q，剩余手牌一般为 2 手炸弹。

如果余牌不是 2 手炸弹，一般就是以下两种情况，而与对子和三同张相比，单张更容易顺牌，玩家一般会领出对子或三同张，留下单张，等队友送牌。

  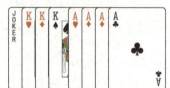

● **隐藏信息**

在出牌时，应向对手玩家隐藏信息，利于后期的攻守。

◎ **明牌先出**

本家收到还贡牌后，当你需用该牌点组牌出牌时，应使用还贡牌（注意花色）。

实例分析

级牌为 2，全手牌如下图所示，其中梅花 5 是还贡牌，假设首圈领出 888-55，当对手看到梅花 5 时，便会推测还贡牌为你补成了对 5，5 并未补成炸，甚至忽视梅花 5 组成的同花顺。

还贡牌

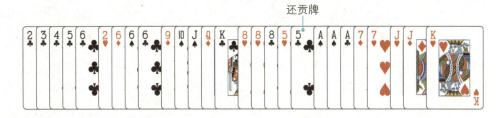

◎ **让顺子花色杂乱**

如玩家打出的顺子中有四张花色相同，则表明该玩家无红心级牌，若有红心级牌，就会配成同花顺。

实例分析

级牌为 2，全手牌如下图所示，当你领出顺子 56789 时，牌点为 5789 的牌应避免全部为梅花花色，需让这五张牌的花色杂乱一些。

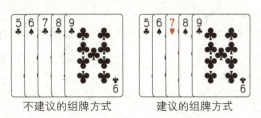

不建议的组牌方式　　　建议的组牌方式

◎ **隐藏优势牌型**

此方法只适用于一副牌的前期，目的是提高顺牌概率。

根据牌型相生相克属性，主动领出相反牌型。如优势牌型为三带对，主动领出顺子或对子，迷惑对手，当对手获得领出权时，则会领出三带对牌型，此时，便可顺走1手三带对。

实例分析

级牌为2，全手牌如下图所示，你首圈领出单张4，用大王回手，再次领出时，应领出66，让对手推测你的全手牌顺子多，三带对少，等对手上手后领出三带对，你便可以顺牌打出222-33，并且有可能上手。

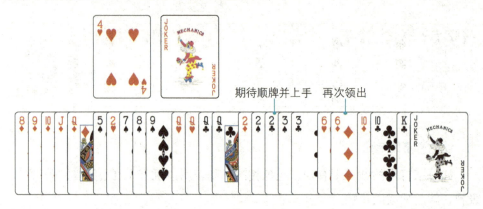

期待顺牌并上手　再次领出

同理，当你需要顺牌打出顺子时，则避免领出对子。因为你领出对子，说明手牌中三带对少，而三带对少则顺子多，对手推测你顺子多，便不会主动领出顺子。

如下图全手牌，你可领出单张，不可领出对子。

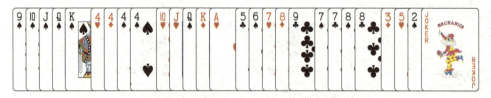

出牌的技巧

本节重点讲解领出牌、跟牌、顶牌和出炸的技巧。

● 领出牌技巧

在一副牌首圈领出时，收集到的确切信息只有贡牌和还贡牌，因此，很难做出决策。而之后领出牌时，已经收集到了其他玩家的手牌信息，只需避开对手要的牌，出对家要的牌即可。因此，我们重点讲解首圈领出牌的技巧。

◎ 首圈领出牌的四种选择

选择一：处理困难牌。

当全手牌中有且仅有 1 手困难牌时，应优先处理困难牌。

前文讲过，无法通过顺牌打出的牌就是困难牌，如当级牌为 2 时，A2345、333-44、33、3 这几种困难牌，不管上家出什么牌，都无法顺牌打出。

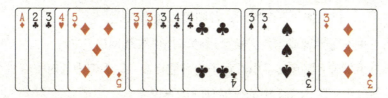

选择二：出优势牌型。

优势牌型即手牌中有封顶牌回手的牌型，领出优势牌型不仅有机会回手，还能向对家传递信息，告知对家自己手牌中的优势牌型和劣势牌型。

实例分析

级牌为 2，全手牌如下图所示，你有 4 手三带对，且有封顶牌，你可领出101010-44。

选择三：出对子。

领出对子是一种试探性打法，也是一种安全打法。行业内有一种说法："情况不明，对子先行"，用对子去试探，一方面可防止对手顺牌，另一方面可消耗对手的牌力。

实例分析

级牌为 2，全手牌如下图所示，手牌中三带对、对子、单张都没有回手牌，并且单张和对子手数多，在不知道对手优势牌型以及对家手牌强弱的情况下，应优先领出对子。

选择四：出三同张。

领出三同张是一种破坏性打法。行业内有一种说法："要想坏，三不带"，领出三同张，对手想阻击就要拆牌或出炸，这不仅能打乱对手的战略布局，还能消耗对手的牌力。

实例分析

级牌为 2，全手牌如下图所示，首圈可以领出 333。

如果对手不愿拆牌或出炸，就会过牌，你可继续领出 777。

如果对手拆牌，那么其手中有对子的可能极高，你手牌中的对子有机会顺牌，并且对手通过组牌阻击你手中的三连对的概率也低。

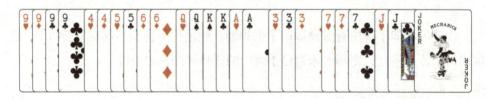

◎ **首圈领出牌应避免的牌型**

首圈领出时应避免领出三连对和三同连张，这两种牌型应延后领出，吸引对手出炸。

三连对和三同连张这两种牌型虽然是低频牌型，但首圈领出，对手有可能通过组牌阻击你，若组牌成功便可顺走 6 张牌，如果对手玩家无该牌型也不会出炸。

因此,首圈领出这两种牌型,不仅不会消耗对手玩家的牌力,还有可能被顺牌。

实例分析

级牌为 2,全手牌如下图所示,其中单张有 349JQ,如玩家首圈领出 66-77-88,对手玩家可能有更大的三连对,而你手牌中没有 QQ-KK-AA 回手。如果使用红心级牌配牌,不管是配炸弹还是配 QQ-KK-AA 都会固化手牌的组合方式,并且牌力降低。

你可以出 AA,让对手出 22 或出炸,消耗对手的牌力;也可以出 3,用大王回手。

当单张和三带对牌型既没有封顶牌,又不是仅为 1 手的困难牌时,首圈应避免领出单张和三带对。

第一,阻击单张很简单,且不消耗牌力。

第二,三带对牌型是高频牌型,首圈领出三带对,对手玩家有可能顺牌,甚至上手。

实例分析

级牌为 2,全手牌如下图所示,其中单张 7810 都是需自己领出的牌,三带对没有封顶牌回手,首圈领出单张和三带对都有可能被对手顺牌。

你可以领出 55,让对手出一对大王或出炸,期待对手领出三带对,你便可以顺走 QQQ-33 或 AAA-33。

● **跟牌技巧**

跟牌是其他玩家领出牌,自己跟着出牌。在跟牌时,分为强牌和弱牌两种情况,一般强牌以顺牌为主,弱牌以顶牌为主。

跟牌主要研究上家领出牌和对家领出牌时,应如何跟牌。

◎ **上家领出牌**

在一副牌的前期，上家领出牌时，应尽量跟牌，不宜过早暴露手牌缺陷。以下讲解单张、对子、顺子和三带对这四种高频牌型的跟牌技巧。

单张。

先判断自己的牌力，如果你的手牌为强牌，需处理困难牌，则跟最小的单张。如你的牌力较弱，则需出牌点为 K 或 A 的大单张，引下家出级牌或王牌。

注意，当你牌力较弱，下家受贡得到一张王牌，你就不需顶牌，可以顺走小牌。下家为受贡方，手牌中有王牌，上家领出单张，表明自己牌力弱，想让下家接牌，因此，不管你出什么牌，下家都会出王牌。

实例分析

级牌为 5，全手牌如下图所示，出牌之前上家进贡一张大王给下家，上家首圈领出单张 4，你可以跟单张 7。因为，你出大王之后，只能领出对子，而你手牌中对子的牌点大，不需耗费牌力获得领出权再打出，可以顺牌。

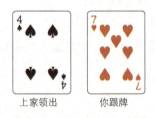

上家领出　　　你跟牌

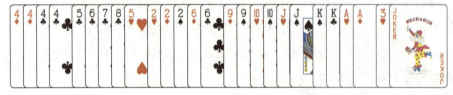

对子。

上家领出对子时，你手牌中有对子牌型，则必须跟牌，以免暴露手牌的弱牌。注意，跟对子时，不需出牌点太大的对子，以免阻碍对家出牌。

对家出 A 及以下的对子时，表明对家不想出对子，你需尽快上手，领出其他牌型。

实例分析

级牌为 5，全手牌如下图所示，上家领出 77，你可以跟 KK，再看下家和对家如何跟牌。如果下家出一对小王，就选择过牌。如果下家过牌，对家出 AA，上家出 55，你可以出四张 4 上手，再领出单张 7。

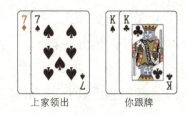

上家领出　　　　　　你跟牌

顺子和三带对。

一副牌的前期，如上家领出顺子和三带对，则表明相同牌型上家手牌中有多手，并且有回手牌。

领出顺子和三带对牌型，一般需遵循"不打则已，一打则需出尽"的原则。

如果你的手牌是强牌，有且只有一手相同牌型的困难牌则可顺牌，其他情况则应立即阻击，改出相克牌型，若手牌中无相克牌型，至少要领出不同的牌型。

如果你的手牌是弱牌，就可以顺牌或过牌。

实例分析

级牌为5，全手牌如下图所示，由于你的手牌不是强牌，因此，当上家领出小顺子时，你可以打出顺子8910JQ，如果上家领出三带对，你可以过牌，由对家决定顺牌或出炸。

◎ 对家领出牌

对家为队友，一般对家领出牌时，都不宜跟牌，以免打乱对家出牌节奏，除非对家为你送牌，明显示意你接牌。

判断对家是否有送牌意图的方法。

你领出单张被阻击，对家上手后领出单张。另外，当你受贡得到一张大王，对家上手后领出单张，也是示意你接牌。

你领出对子被阻击，对家上手后领出对子。

你领出三带对被阻击，对家上手后领出三带对。一般对家领出单牌，也有可能是为你送牌。

你领出顺子被阻击，对家上手后领出顺子。一般对家领出对子，也有可能是为你送牌。

实例分析

级牌为5，上一副牌下家是下游，你是上游，你受贡得到一张大王，全手牌如下图所示。下家首圈领出JJ，对家出55并上手，领出单张2，此时，对家就是示意你出大王接手，你就可以跟牌出大王。

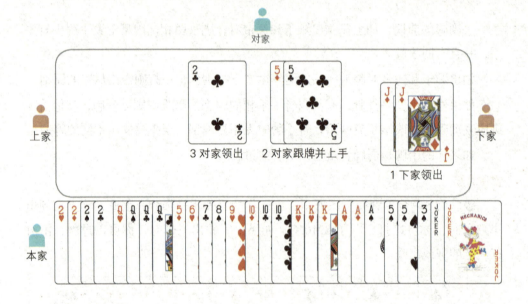

顶牌技巧

顶牌的意思是防止下家顺牌，一般是上家领出牌并意图为下家送牌时，你需要出较大的牌卡住下家的牌。

顶牌的原则是阻击对手，如无法阻击对手，就趁机顺牌，减少一手牌。

◎ 顶牌的出牌原则

顶牌时的出牌原则是先大后小，尽量封顶。

顶单张，至少出Q，最佳选择是出级牌。Q以上的单张顺牌机会很大，玩家需防止下家顺走Q以下的单张。

顶对子，至少出 QQ，最佳选择是出一对级牌。原理与单张相同。

顶三带对，如果手牌中有 AAA-33 和 KKK-44，优先出 AAA-33。

顶顺子，如手牌中有 910JQKA，优先出 10JQKA。

顶三带对和顺子时，如无封顶牌阻击，则可考虑直接出炸。

◎ **顶牌后的出牌**

如玩家顶牌后，阻击成功，获得领出权，应按照牌型相生相克属性，领出相克牌型。阻击三带对牌型后，应领出顺子或对子；阻击顺子牌型后，应领出三带对，切记不可领出对子。

实例分析

级牌为 5，上一圈下家领出对子，推测其顺子多，你的手牌如下图所示。你领出 101010，下家和对家过牌，上家出四个 4 上手，领出顺子 56789，意图为下家送牌。你的手牌中仅有 1 手顺子，不仅无法封顶，还无法顺牌，此时，你应该直接出四个 2 阻击，如果其余玩家都过牌，再次由你领出牌时，则领出 KKK。

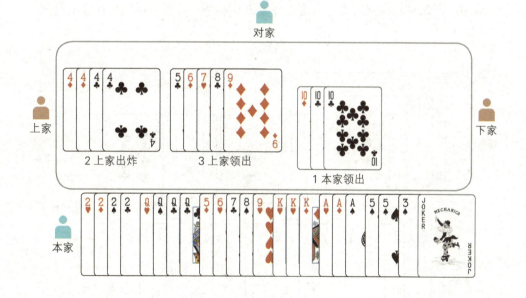

● 出炸技巧

在一副牌中，一位玩家如有 3 手炸弹，就是可以争夺上游的强牌了，因此，炸弹是优质的稀缺资源，在使用炸弹时需谨慎。

以下我们来讲解炸弹的作用、出炸的时机以及用哪个炸。

◎ 炸弹的作用

作用 1：扭转牌路。

在掼蛋牌型大小比较中，已经讲过炸弹可以压制单牌、对子、三同张、三带对、顺子、三连对和三同连张这七种牌型，而这七种牌型只能同牌型比较大小，自然而然便形成了牌路的概念。

例如，当你手中无对子牌型时，对手不断领出对子，由于你无法出对子压牌，对手便可快速减少手牌，此时，你只能出炸阻击对手，改出其他牌型，即扭转牌路。

实例分析

经过几圈出牌后，已知对家不需要顺子，你的手牌如下图所示。上家领出顺子 8910JQ，此时，你应该出炸阻击，再领出 666-99，等对手玩家出炸或者过牌。

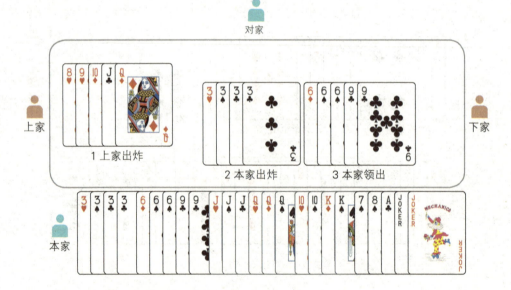

作用 2：闯关和阻击闯关。

假如将掼蛋比喻成赛跑，闯关就是最后的冲线。

炸弹闯关，即余牌为 2 手牌，其中 1 手为炸弹，目前由其他玩家出牌。

阻击闯关，即用炸弹阻击对手打出最后一手牌。

实例分析

　　级牌为 5，上家已经获得上游，下家余牌 3 张，你的手牌如下图所示。对手领出 KK，此时你出炸阻击，领出 AAA-33，不仅取得二游，还可以给对家留风。

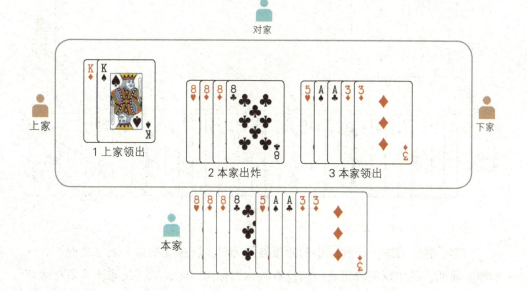

◎ **出炸的时机**

　　时机 1：牌路不对。

　　当对手领出的牌型对家和你都不要时，应立即出炸，上手后立刻改变牌型。详情请参考炸弹的作用 1：扭转牌路。

　　时机 2：出炸不宜过早。

　　在一副牌前期，对家手牌情况不明时，上家领出牌，本家无法压制时，不宜出炸，应交给对家决定。

实例分析

　　级牌为 5，你的手牌如下图所示。上家领出 444-33，你手中的三带对为最小的困难牌，不能顺牌，此时应该选择过牌，交给对家跟牌或出炸。

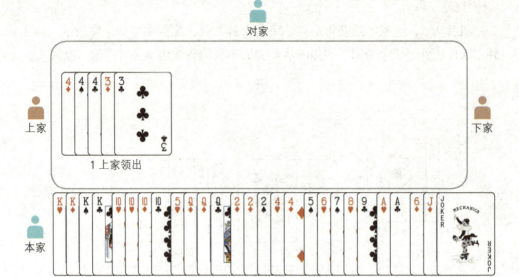

时机 3：小炸多，应抢先出炸。

当你手牌中的炸弹是牌点小的四张数炸弹时，应抢先出炸。通常情况下，一副牌的前期，各位玩家收集到的信息有限，当你出炸时，对手玩家不会贸然跟牌出炸。

实例分析

级牌为 5，你的手牌如下图所示，经过几圈出牌，已知上家主攻对子和顺子。上家领出 99，你手牌中的四张 3 和四张 6 牌点较小，你可抢先出炸，打出四张 3。

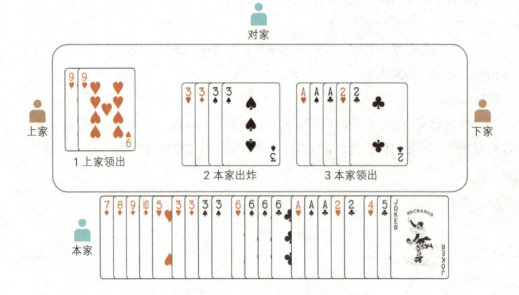

时机 4：牌路已明朗。

当手牌中某牌型成为己方的强路时，应立即出炸，主攻该牌型。

实例分析

级牌为 5，已出一张级牌和四张王牌，你的手牌如下图所示。上家出 55，你可出炸，因为本家手中有三张 5，本家主攻单张、对子和三带对牌型，都可回手。

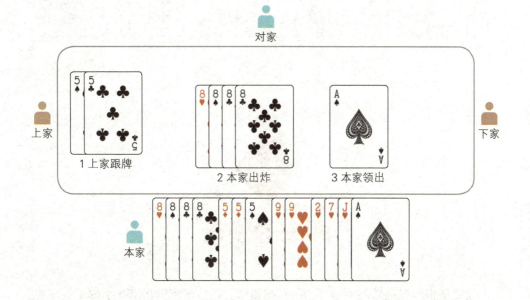

◎ **用哪个炸**

第一：顶牌用小炸。

顶牌的目的是消耗下家牌力，因此，在需出炸阻击对手时，应用最小的炸弹，消耗下家的大炸弹。

第二：扭转牌路，用大炸。

在需要扭转牌路时，就必须获得领出权。如果你用小炸阻击对手，对手有可能出大炸，为了上手，你还需出一炸，这样前面的一炸就浪费了。

第三：先用不灵活的炸。

不灵活的炸是指无法拆牌再组牌的炸弹，这种炸弹已经固化，不具备可变性。

第四：后用灵活的炸。

灵活的炸是指可拆牌再组牌的炸，这种炸可使手牌具有变化性，有利于玩家改变牌型，发起进攻。

注意，最具灵活性的炸是红心级牌配的炸，因此，红心级牌配的炸需最后出。

实例分析

级牌为 5，以下图全手牌为例，如果是顶牌，就出四张 10，如果是扭转牌路就用四张 K，最后才用红桃 5 配成的四张 Q。

2.5

闯关的技巧

闯关是指游戏最后的冲刺环节，在掼蛋中，是指玩家倒数第 2 手牌无人压牌，正好护送完最后 1 手牌。

掼蛋最常见的闯关方式有炸弹闯关、封顶牌闯关。

● 炸弹闯关

当你的余牌为 2 手牌，其中 1 手为炸弹，目前由其他玩家出牌时，你便进入了炸弹闯关状态。

◎ 闯关技巧

炸弹越多，成功闯关的概率越高。因此，出炸时，应将最大的炸弹留到最后，以提高闯关的胜率。

如果对手余牌有炸，且炸弹可能比你大时，应适当忍耐，等对家逼对手出炸或送牌，甚至可以期待顺牌。

实例分析

级牌为 8，你的余牌如下图所示。

假设下家已出红桃 8 配的同花顺，上家已出五张 6，可推测对手手牌中已无炸弹。上家领出单张 9，此时你应该跟牌打出单张 J，进入炸弹闯关环节，下家出大王，你再出四张 2 上手，打出单张 Q。

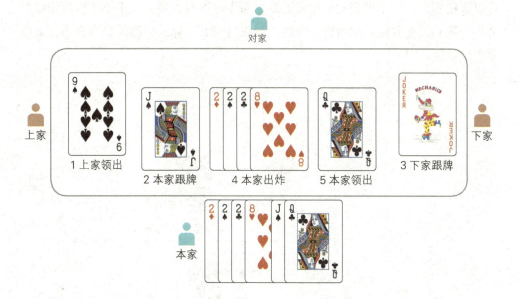

你的余牌不变，J 和 Q 是你的单张，假设对家之前出过 JJ 和 QQQ-44，对手有可能组成了四张数炸。上家领出单张 9，你跟牌打出单张 J，下家出大王，你就过牌。

● 封顶牌闯关

当你余牌为 2 手牌，其中 1 手牌为封顶牌，目前由你领出，此时，你就进入了封顶牌闯关状态。

封顶牌分自然封顶牌和新晋封顶牌。

自然封顶牌：同一牌型中最大的牌，如大王是单张的封顶牌。

新晋封顶牌：指自然封顶牌已出完，顺位成为封顶牌的牌，如大王出完后，小王便是单张的封顶牌。

◎ 闯关技巧

先确定对手的手牌中是否有炸弹，如对手无炸，则先出封顶牌。如对手有炸，则需对家送牌，应保留 1 手方便对家送牌的牌型，如单张和对子。

实例分析

级牌为 8，下图为你的余牌，级牌 8 已经出完，你手牌中的 AAA-KK 成为三带对的封顶牌。当前由你领出牌，你应该领出 AAA-KK，对手无法阻击，你可以继续领出，打出单张 Q，取得上游；如果对手有炸弹，对手出炸后，你的余牌是单张 Q，也方便对家送牌。注意，如果对手有炸弹，你的单张牌点小，就应该先出单张。

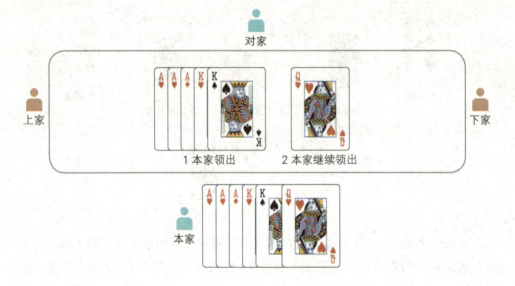

2.6

残局攻防技巧

掼蛋有报牌的规则，当玩家余牌在 10 张以内时，就需主动报出余牌数量。一般，当某玩家余牌在 10 张以内时，就代表该玩家进入了残局阶段。

● 余牌 1 张

余牌 1 张只能是单张，需队友送牌。

◎ **攻方**

单张最好为封顶牌。

余牌为单张的封顶牌，一是方便队友精准送牌，二是更容易顺牌。

注意，一般队友可送两次牌，且上家有可能阻击两次，一次是出炸阻击，另一次是出大单张，因此，当单张的牌点没有绝对优势时，不宜选择听单张。

◎ **守方**

不出单张。

作为上家，如领出单张，就是送对手获得上游。在确定对手单张牌点的情况下，可出该牌点及以上的单张。

实例分析

级牌为 8，下家余牌 1 张，王牌已经出完，级牌 8 成为单张的封顶牌，你的手牌如下图所示。当前由你领出牌，上家不要三带对，顺子和对子是他的优势牌型，你可以领出 444-55，逼上家出炸，上家出炸你过牌，上家领出单张，你出级牌 8，再出 KK，最后出四张 Q。

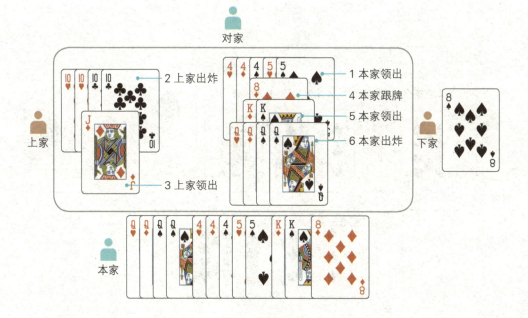

● **余牌 2 张**

余牌 2 张可能是对子或 2 手单张。

◎ **攻方**

余牌最好是牌点大于 10 的对子。

余牌 2 张为 1 手大对子，是为了把余牌牌型明确告知队友，方便队友送牌。作为送牌的玩家，应该从大到小出对子，这是因为第 1 手对子被对手阻击的概率更高，而之后的对子，对手已经消耗了一些牌力，因此已经无力再阻击。

◎ **守方**

不出对子。

余牌 2 张时，是对子的概率高，只有确定其余牌不是对子时，才可以出对子。如自己手牌对子多，便可拆对子，出单张。

实例分析

级牌为 8，下家余牌 2 张，王牌和级牌已出完，你的手牌如下图所示。当前由你领出牌，你先领出单张 10，等下家表态，如果下家过牌，你就可以拆对子，继续领出单张 7 和单张 K。如果你领出单张 10 之后，下家出单张 A，你就出炸上手，然后领出 77 和 KK。

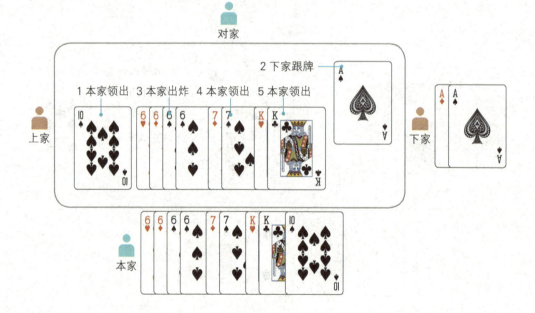

● **余牌 3 张**

余牌 3 张最有可能的是三同张或对子加单张。

◎ **攻方**

首选送三同张，其次是单张。

余牌 3 张一般是牌点较大的三同张，或者 2 手牌中有 1 手封顶牌，如一张大王加一对或者一对级牌加单张。作为队友优先送三同张，因为你的下家阻击三同张要么拆牌，要么出炸，两者都可消耗对手牌力。如果你手牌中无三同张牌型，则优先送单牌，因为对家不是三同张的话，必然有单张。

◎ **守方**

不出三同张。

对手余牌 3 张时，有可能是三同张，因此由你领出牌时，可以优先领出顺子、三带对、三连对或三同连张，如果只能从单张和对子中选择，应领出牌点较大的单张。

实例分析

级牌为 8，下家余牌 3 张，当前小王是单张的封顶牌，88 是对子的封顶牌，A 已出完，假设三家余牌如下图所示。当前由你领出，你优先领出 444-55，再领出单张 8，当下家跟牌打出小王时，对家可以出炸阻击，并打出 33，上家不会出炸阻击对子，最多跟出对子，假设上家的对子比 KK 小，本家还可以顺牌打出 KK。

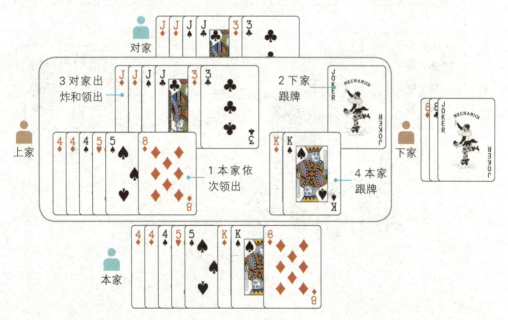

● 余牌 4 张

余牌 4 张可能是炸弹、2 手对子或三同张加单张。

◎ 攻方

4 张余牌不是炸弹，则需以封顶牌闯关的方式余牌。

余牌如不是炸弹，则威胁力弱，最好余牌中对子和单张是封顶牌，有利于顺牌和上手。

◎ 守方

如无十足把握争斗上游，就不出炸阻击。

下家余牌 4 张，极有可能是炸弹，对于防守方来讲，如余牌在 2 手以上，你出炸也无法与下家争斗上游。因此，在掼蛋中有"炸不打四"的说法。

实例分析

级牌为 8，下家余牌 4 张，当前最大的单张是 8，最大的对子是 88，最大的三张是 AAA，你的余牌如下图所示。上家领出对子 77，你便顺牌打出 QQ，不要出炸阻击。

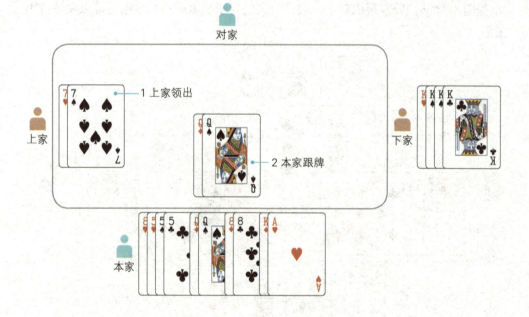

● 余牌 5 张

余牌 5 张一般推测为三带对、顺子或炸弹加单张。

也有可能是 2 手对子加单张，或者三同张加 2 手单张，如果该玩家之前出过
2 手及以上的单张或对子，则可排除这两种余牌情况。

◎ **攻方**

如余牌是炸弹加单张，则可参考炸弹闯关的技巧；如余牌是三带对或顺子，
则需要队友送牌。

在一副牌的残局阶段，最多只能组成 1 手三带对或顺子，也就意味着只有一
次送牌机会。因此，作为送牌的队友，需通过出牌情况以及牌型相生相克原理判
断队友的余牌。

如你余牌 5 张，并且余牌威力小，无力争斗上游，则应以骗炸为主要任务，
吸引对手火力，协助队友争斗上游。

◎ **守方**

在掼蛋中有"逢 5 出对"的说法。

也就是当对手余牌 5 张时，首选出对，如没有对子可以出三同张或者大单张。

实例分析

级牌为 8，你的余牌如下图所示，对家已出 101010-QQ，说明对家已无三带
对牌型。上家领出 KK，在对家无法送牌的情况下，你可以出 88，让对手出炸阻
击，消耗其牌力，如对手不出炸阻击，那你可领出 QQQ 取胜。

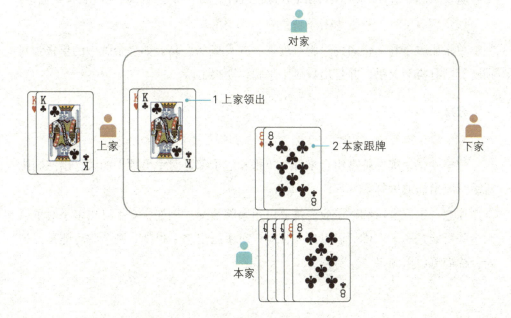

● **余牌6张**

余牌6张有四种牌型组合方式，一是三连对或三同连张，二是炸弹加对子或同花顺加单张，三是炸弹加2手单张，四是顺子加单张或三带对加单张。

最常见的组合方式为后面三种，从下图可看出，这三种组合方式分为有炸和无炸两种情况。

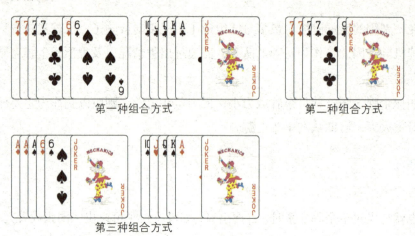

第一种组合方式 第二种组合方式

第三种组合方式

◎ **攻方**

送牌应出单张。

队友余牌6张时，余牌有单张的可能性极高，你出单张后，队友可顺牌或上手。

如余牌有单张，单张为封顶牌更有利于上手。

单张比顺子和三带对的送牌难度低，并且成功率高。如果余牌中的单张为封顶牌，则有机会上手，并打出最后1手牌，获得上游。

◎ **守方**

忌出单张或对子，可出三同张。

依据6张余牌的牌型组合来看，单张和对子都是对手可顺走的牌，出三同张对手只能出炸或拆牌。

注意，出三带对和顺子应先推算对手余牌情况。例如，对手已出多手对子，则余牌可能是顺子，你便可以出三带对；对手已出多手单牌，则余牌可能是三带对，你便可以出顺子。

实例分析

级牌为 8，小王是单张的封顶牌，AAA 是三同张的封顶牌，下家余牌 6 张，下家不要顺子，并且出过多手单牌，推测其手牌中有三带对。当前由你领出，你应该出顺子 910JQK，再出 QQ，等下家拆牌或过牌。

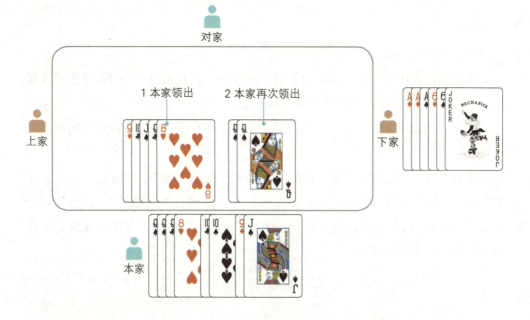

● 余牌 7 张或 8 张

余牌 7 张或 8 张的牌型组合有多种，威力强大的牌型组合必然包含一炸，以下先罗列出余牌有一炸或同花顺的常见牌型组合。

余牌 7 张的常见牌型组合

余牌 8 张的常见牌型组合

如上图所示，余牌 7 张或 8 张时，单张、对子和三同张都是需顺走的牌。

◎ **攻方**

送牌应出单张和对子。

队友余牌 7 张或 8 张时，很有可能有 1 手单张或对子需要顺牌，如果你主动送牌，就可以帮助队友顺走 1 手牌，提高获胜概率。

◎ **守方**

逢 7 逢 8 出组牌，忌出小单张和对子。

在掼蛋口诀中有"逢 7 逢 8 出组牌"的说法，就是当对手余牌是 7 张或 8 张时，应出顺子或者三带对等 5 张及 5 张以上的牌型。

注意，当对手余牌 7 张时，不仅忌出小单张和对子，也不可以出三同张。

实例分析

级牌为 8，下家余牌 7 张，你的手牌如下图所示。当前由你领出，你应该出 777-44，下家出同花顺，你就用红桃 8 组六张 A 压牌，再出单张 6，期待用单张 8 回手，再出 QQ，最后出单张 8。注意，本家领出之后，下家出炸压牌，本家就出炸回手，并领出单张。

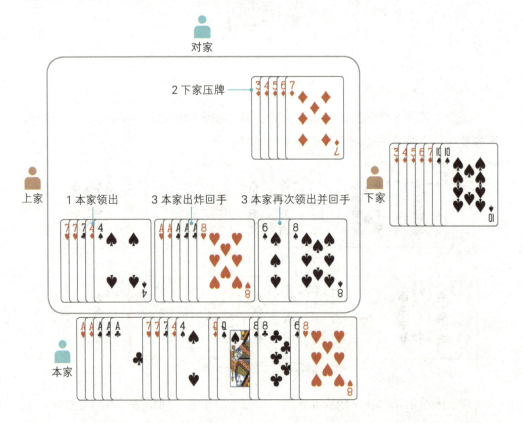

50

● **余牌 9 张或 10 张**

余牌 9 张或 10 张，并且包含一炸或同花顺的牌型组合如下图所示。

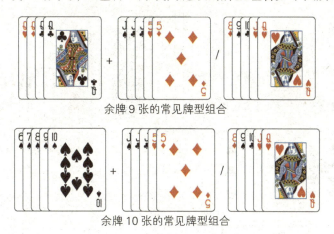

余牌 9 张的常见牌型组合

余牌 10 张的常见牌型组合

如图，余牌 9 张或 10 张时，除炸弹牌型之外，其余手牌极有可能是三带对和顺子。

◎ **攻方**

送牌应出三带对和顺子。

送牌前依据队友的出牌情况，以及牌型相生相克原理判断其余牌牌型。

◎ **守方**

忌出三带对和顺子，可出单张和对子。

对手余牌是三带对或顺子时，你出单张和对子，对手只能过牌或拆牌。

注意，在掼蛋口诀中有"打 9 不打 10"的说法，意思是对手余牌为 10 张时，就不要出炸阻击，因为余牌 10 张时，对手余牌中的炸弹极有可能是同花顺或五张牌炸弹。

实例分析

级牌为 8，下家余牌 10 张，因其不要三带对，且打出多手对子，推测其手牌中有顺子，假设你和下家的手牌如下图所示。当前由你领出，你应该领出 99，让下家出同花顺 678910，当下家领出顺子 8910JQ 时，如队友过牌你便出炸阻击并上手，避免上家借风出牌。

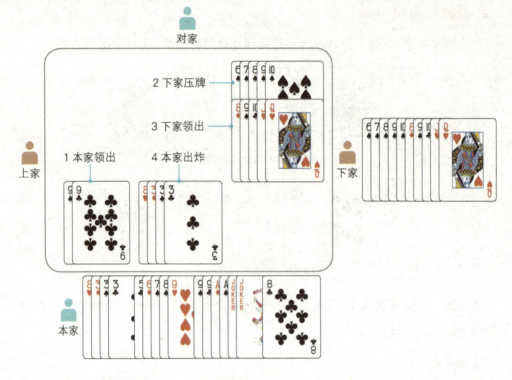

假如当前由上家领出，上家出顺子 34567，你应打出顺子 56789，而非出炸阻击。

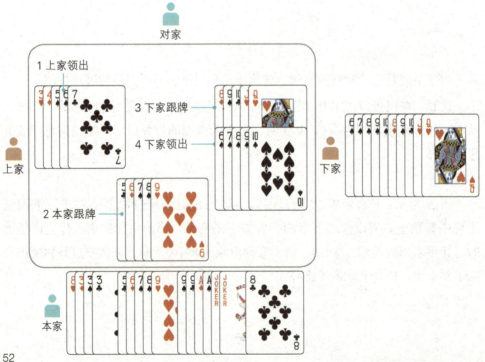

第 **3** 章

制定打牌策略

掼蛋是一种对团队合作要求极高的游戏。玩家在拿到全手牌之后，需根据手牌的牌力强弱制定打牌策略，进行明确的分工。

本章内容主要介绍如何判断牌力，并依据牌力的强弱制定打牌策略，进行主攻和助攻的分工。

观察牌面

玩家拿到全手牌之后，按照上一章讲解的组牌技巧初次组牌，查看全手牌中是否有炸弹牌型，炸弹牌型有几手牌，其他7种常规牌型是否有回手牌，并且查看这7种牌型是否有困难牌，特别是单张和对子牌型。

● 观察手牌判断胜率

在掼蛋游戏中，可以根据全手牌的炸弹手数、封顶牌手数、低频牌型手数和困难牌手数等进行计分。

◎ 计分方式

下表为一种可参考的计分方式。

计分点	炸弹	封顶牌	红心级牌	三连对或三同连张	困难牌
分值	+2	+0.5	+0.5	+0.5	−0.5

> **提示**
>
> 因为三连对或三同连张在一副牌的中后期领出，并有可能上手继续领出，或逼对手出炸，消耗对手牌力，所以这两种牌型可以加0.5分。

◎ 胜率评估

全手牌得分在6分及6分以上的手牌为强牌，胜率高。

全手牌得分在3~6分的手牌为中牌，胜率中等。

全手牌得分小于3分的手牌为弱牌，胜率几乎为0。

实例分析

级牌为10，全手牌如下图所示，手牌中有四张4，一张红桃10，顺子牌型有1手封顶牌，但有一张9，总得分为2.5分，这种手牌胜率较低，属于弱牌。

级牌为10，全手牌如下图所示，手牌中有3手炸弹牌型，但有一对3和单张4、8，这3手牌属于困难牌，需扣1.5分，总得分4.5分。这种手牌如果能多顺走1手单张，也有可能取胜，属于中牌。

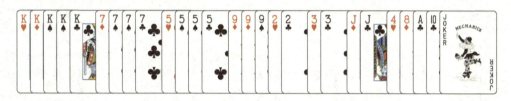

级牌为10，全手牌如下图所示，手牌中有2手炸弹牌型，三带对有1手封顶牌，并且有红桃10、大王和三连对牌型，总得分有6分。这种手牌获胜率高，属于强牌。

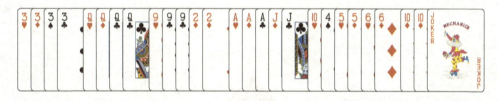

● 观察手牌判断对手出牌方向

玩家拿到全手牌后，可通过自己的手牌情况，判断这一副牌大概有几手炸弹牌型，其他玩家会首攻什么牌型。

◎ 推测炸弹牌型的手数

级牌为10，全手牌如下图所示，手牌中无缺牌，除级牌10之外单张有3579Q，并且手中无红桃10，初步推算3579Q在其他玩家手中已经组成了炸弹牌型，再加两张红桃10组炸弹牌型，这一副牌的炸弹手数为6手或7手。由于本家只有一炸，可大胆推算其他玩家手中可能有三炸。

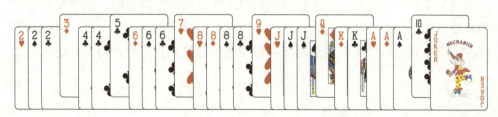

◎ **推算对手首攻牌型**

继续观察手牌，本家无红桃 10，可推测红桃 10 在对手手中，一般红心级牌首先会选择配成炸弹，那么可初步推算对手组三带对的概率较低。

另外 3579 这种小牌点大概率组成了炸弹，可推测对手牌点为 2~9 的单张多，对手为了减少单张手数，会组 2~9 之间的顺子牌型，为了回手也会组顺子 10JQKA 的封顶牌。

通过出顺子余牌必有对子的原理，可推算出对手大概率会首攻顺子和对子牌型。

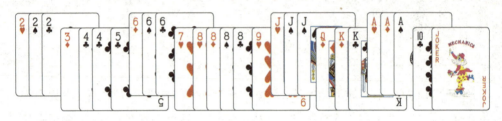

3.2

制定打牌策略

观察手牌，推算手牌获胜的概率后，玩家需确定在这一副牌中自己是主攻还是助攻身份，身份不同打牌策略也有不同。

● **主攻方的打牌策略**

当全手牌为强牌时，玩家就可以作为主攻方制定打牌策略，把争夺上游设为首要目标。注意，当你的全手牌为中牌时，同样有机会争夺上游，但在一副牌的前期，需保持牌力，通过对家和对手的出牌估算其牌力，当时机成熟时发起进攻。

◎ **主攻方的打牌方法**

主攻方首先要处理自己的困难牌，也就是首先考虑自己的牌型，而非耗费牌力去阻击对手。作为主攻方，当上家领出小牌时，你不需顶牌，只需顺走小牌，当你顺走手牌中的小牌之后，你的手牌牌型就比较整，牌力就会变强。

主攻方的打法是打小牌、打困难牌和顺小牌，并且这种打牌方法也是一种传递信息的方法，明确告诉队友你想争夺上游。

实例分析

如图，全手牌中只有999-22是需要顺走的牌，作为主攻方首圈领出可将其打出，然后用AAA-JJ回手。

如果上家领出更小的三带对，你便顺牌；如果对手领出更大的三带对，你便打出 AAA-22 压牌，逼对手出炸阻击。

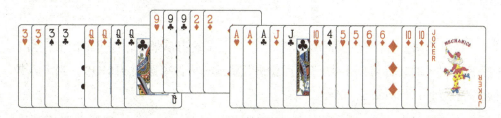

◎ **主攻方的转换**

如果你和队友的牌都是强牌或中牌，队友先向你示意他主攻，此时，你只需适时协助队友即可。当对手消耗牌力阻击队友后，一般对手和队友的牌力都有所不足，此时，你可从助攻方转为主攻方，发起攻击。

实例分析

如图，手牌有 3 手炸弹牌型，但牌型中还有太多单牌以及一对3，争夺上游有些困难，如果能顺走 3 手牌，也有可能争夺上游。例如，顺牌打出 8、JJ 和999-22，等对手牌型明朗之后，你就可以转换成主攻方发起进攻。

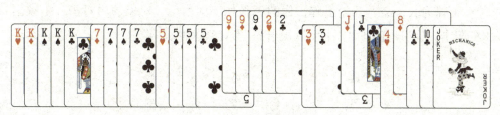

● 助攻方的打牌策略

当全手牌为弱牌时，玩家需放弃争夺上游的计划，应该辅助队友争夺上游，只要队友获得上游，己方就可以一起进阶。

助攻方辅助队友打牌时，首要任务是帮助队友快速出完手牌，其次是消耗对手的牌力。以下我们讲解三个助攻方的打牌技巧。

◎ 轻易不接对家牌

主攻方领出的牌型大多有回手牌，因此，当主攻方领出时，你可以选择过牌。

◎ 顶上家的牌

当上家阻击对家的牌或者领出对家的劣势牌型时，你需要不惜牌力顶上家的牌。

实例分析

级牌为K，你的全手牌如下图所示，当上家领出单张时，你可跟出K；当上家领出对子时，你可跟出JJ；当上家领出顺子时，你可跟出910JQK；当上家领出三带对时，你可跟出AAA-22。

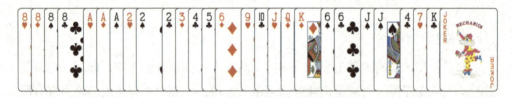

◎ 为对家送牌

在已知对家手牌的情况下，作为助攻方需出封顶牌或炸弹阻击对手，并获得领出权，领出对家需顺走的牌，为对家送牌。

实例分析

级牌为K，经过几轮出牌，你的手牌如下图所示，对家领出对子，上家出KK阻击，你可出四张8，上手后领出66为对家送牌。

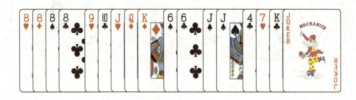

3.3

团队合作

掼蛋是两两组队，通过团队合作进行竞技的项目，并非个人赛。当手牌牌力强时，应该当仁不让，力争上游；当手牌牌力弱时，做好辅助也一样重要。

● 团队分工

◎ 攻守分工

前文已经讲过，主攻方的打牌策略是争夺上游，助攻方的打牌策略是吸引对手火力。在出牌时，助攻方先顶牌和出炸，而主攻方需保留牌力，用于后期闯关。

实例分析

级牌为 10，你的手牌如下图所示，对家领出顺子 23456，上家跟出顺子 10JQKA，因上家已出封顶牌，只能出炸才能压牌，此时，应由你出炸。

你可出四张 4，如果获得领出权，则领出顺子 23456。

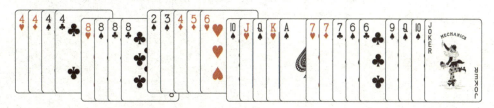

◎ 优势互补

作为队友，手中的优势牌型需要互补，分工防守单张、对子、顺子和三带对这四种常见牌型。

实例分析

级牌为 10，经过几轮出牌，已知三带对是对家的优势牌型，那么你就组顺子保留对子，防守对手的顺子和对子牌型，由对家防守三带对和单张。

● 信任队友

作为助攻方，不要轻易接对家的牌，要相信对家，以免打乱对家的出牌策略。

实例分析

级牌为 10，你的手牌如下图所示，对家领出顺子 78910J，上家顺牌出顺子 8910JQ，你手中有顺子的封顶牌，但此时你需要选择过牌。

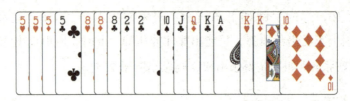

● 重视信息

◎ 释放信息

作为主攻方要适时向队友示意自己做主攻的意图，并向队友示意你的优势牌型，方便队友协助你出牌。

作为助攻方要及时传递信息，告知队友自己的牌力弱，无法争夺上游，让队友做主攻，你来辅助。

实例分析

级牌为 10，假设首圈由上家领出，作为助攻方则应按下图所示跟牌。如发现队友在顶上家的牌，则表明队友是助攻方，想协助你出牌。

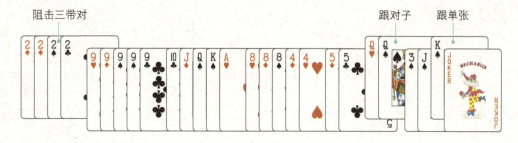

◎ 收集信息

助攻方需要观察队友出牌，从出牌中收集队友的优势牌型，以及手中余牌情况，以便自己精准送牌。

例如，"出顺必有对""出三带对必有单"的规律。

实例分析

级牌为10，对家首圈领出顺子45678，你便可初步判断其手牌中有顺子10JQKA回手，并且手牌中无困难牌，有大对子。

首圈领出   手牌中可能有的牌

假设对家首圈领出888-22，你可初步判断其手牌中至少有三张A，例如AAA-44，并且手牌中无困难牌，手牌中有单张，但单张牌至少为花牌，例如K。

首圈领出   手牌中可能有的牌

第 **4** 章

主攻实战技巧

作为主攻方的主要任务是争夺上游。本章主要介绍主攻方如何组牌、出牌、闯关和留风。

主攻方的组牌技巧

　　主攻方组牌时需考虑手数、回手牌和困难牌，组牌时需做到手数少，回手牌多，困难牌最多 1 手，没有最好。

● 主攻方的手数

　　首先需要考虑全手牌的手数，其次考虑自己领出牌的手数。

实例分析

　　级牌为 2，全手牌如下图所示，用红桃 2 代替牌点 9 的缺牌，组成顺子 78910J 可顺走单张 7 和 10，把三同连张 KKK-AAA 拆开，组成 KKK-88 和 AAA-QQ 可顺走 2 手对子，全手牌为 8 手。

　　而用红桃 2 代替牌点 8 组成炸弹就会多 2 手单张，组三同连张就有 2 手对子，全手牌为 10 手。

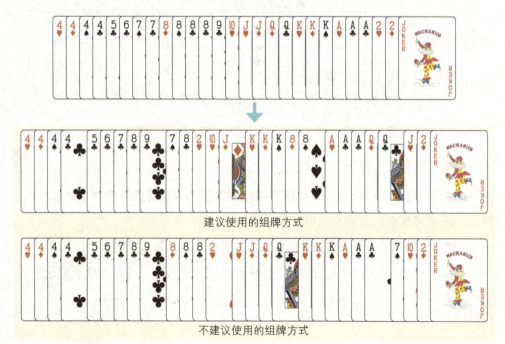

建议使用的组牌方式

不建议使用的组牌方式

● 主攻方的回手牌

主攻方每次领出的牌最好有封顶牌回手，如无封顶牌，也需有炸弹牌型回手。

实例分析

级牌为 2，全手牌如下图所示，全手牌中有四张 5，J、Q 和 A 各三张，3 和 4 各两张，三带对明显为优势牌型，组三带对之后，领出小三带对，有机会用 AAA-33 回手。

如果组三同连张 JJJ-QQQ 和三连对 22-33-44，这 2 手牌都无法回手，领出之后很有可能被对手阻击，这样就会耗费两次领出牌权。

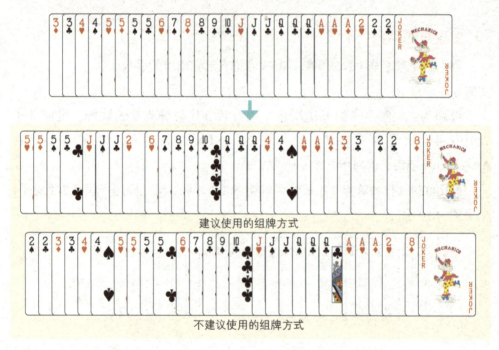

建议使用的组牌方式

不建议使用的组牌方式

● 主攻方的困难牌

假设没有首圈领出牌权，那么困难牌就需要消耗封顶牌或炸弹牌型才能领出，因此，困难牌是主攻方必须处理的牌型。

例如单张尽量组顺子，并组顺子的回手牌，对子尽量与三同张组三带对。

当顺子牌型无封顶牌时，牌点小的对子和三同张只要牌点相连就可以组三连对或三连同张。

实例分析

　　级牌为 2，全手牌如下图所示，其中困难牌有单张 8 和 9，三同张 3，在组牌时可用红桃 2 代替 3 组成四张 3，把三张 10 拆开与单张 89JQ 组成顺子 8910JQ，这样组牌后就可以顺走困难牌了。

　　如果不去处理困难牌，用红桃 2 与三张 10 组成炸弹，那么三同张 3 和单张 8、9 都是困难牌，并且手数有 12 手。

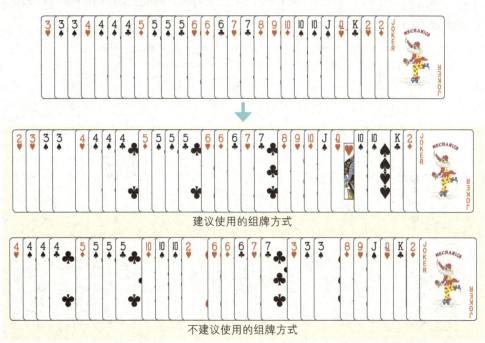

建议使用的组牌方式

不建议使用的组牌方式

4.2
主攻方的拆炸技巧

　　为了减少手数、顺走困难牌和组回手牌，必要时需拆开炸牌牌型，使整体牌型比较整。

● 拆炸减少手数

当炸弹的牌点正好是多手组牌所需的牌时，应拆开炸弹再组牌。

实例分析

级牌为 2，全手牌如下图所示，手牌中对子有 6 手，但牌点不相连。

组牌时有两种方案，一是将对子当作优势牌型，但总共有 12 手牌；二是拆炸组三带对减少手数，当对手领出顺子或三带对时，可把四张 J 拆开组成 JJJ-55 和 10JQKA 顺牌。

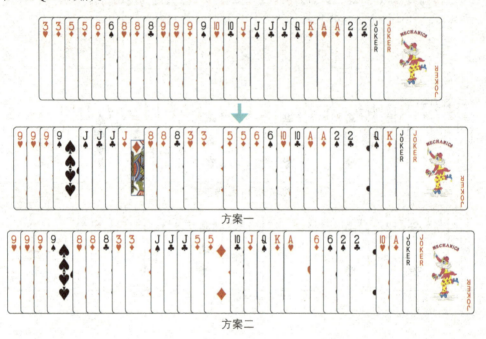

方案一

方案二

● 拆炸顺走困难牌

困难牌一般是指单张和对子，特别是单张，因为单张就是 1 手牌，单张困难牌多，也就需要领出牌的手数多。

实例分析

级牌为 2，全手牌如下图所示，困难牌有单张 578 和对子 33，拆开四张 9 之后可组成 56789 和 999-33，这样就将困难牌全部顺走了。

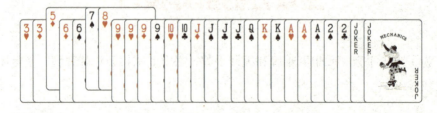

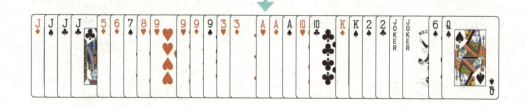

● 拆炸组回手牌

需要拆炸组回手牌的一般是顺子和三带对。

实例分析

级牌为 2，全手牌如下图所示，牌点在 8 以内的牌可以组成 1 手顺子和 1 手三带对，这 2 手牌因其牌点小，需有回手牌才能减少领出次数，三带对无法组回手牌，但拆开五张 Q 之后，可以组成 10JQKA，这样顺子牌型就有回手牌了。

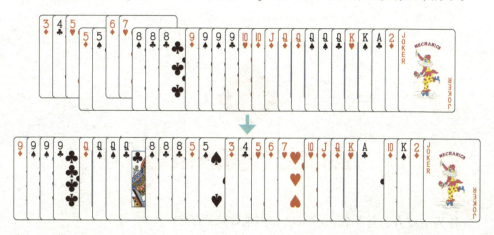

● 拆四张级牌

把四张级牌拆成两对，便是 2 手大对子，假设王牌没有成对，这 2 手对子就是封顶牌，这就增加了 2 次上手次数。

注意，相同的原理可用在三张级牌上，当王牌出完之后，三张级牌拆成单张和对子，也是 2 手封顶牌。

实例分析

级牌为 2，全手牌如下图所示，牌点小的单张较多，最优组牌方式为组顺子，把顺子当作优势牌型组牌后，剩下 3 手对子。

观察手牌，手牌中有一张大王和四张 2，当小王出来一张之后，一对 2 就是对子的封顶牌，我们把四张 2 拆成对子，对子牌型就有 2 手回手牌，比组炸更有优势。

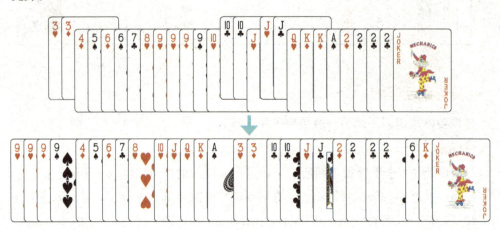

4.3

主攻方的首攻技巧

作为主攻方，首圈领出牌依次为困难牌和回手牌。

● 困难牌

对于主攻方来讲，困难牌是指 10 以下的单张和 6 以下的对子。假设你有 2 手或 2 手以上的困难牌，则应该优先处理困难牌。

首先，上家会尽量避免领出小单张和小对子，你顺牌的概率很低，若这些困难牌留到闯关阶段，对手可以通过控牌使你失去上游。

其次，在闯关时，假设手中剩下 2 手困难牌，也是无法获胜的。

实例分析

级牌为 2，全手牌如下图所示，三带对和对子都有回手牌，顺子有机会顺牌，只有单张 6 为困难牌，首圈领出应领出单张 6。

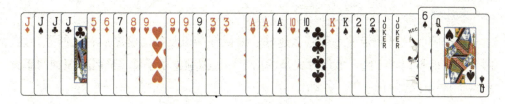

● 回手牌

当手牌中没有困难牌需处理时，就优先领出能回手的牌，在一副牌的前期，你领出牌时，对手一般不会出炸阻击，你基本能回手并再次领出。

实例分析

级牌为2，全手牌如下图所示，手牌中无困难牌，除炸弹牌型之外还有顺子、三带对和单张，玩家可优先领出单张J，用大王回手。注意，玩家应避免优先领出三带对，以免对手集中牌力进行阻击。

主攻方的出牌技巧

顺牌和回手都是降低牌力消耗，提高胜率的重要出牌技巧。

● 顺牌技巧

顺牌可从领出牌和跟牌两个方面着手，以下分别举例。

◎ 领出牌

领出牌时，可顺走的手数越多越好，最低标准也是领出牌之后，能回手，这样一圈就能打出 2 手牌；最佳方式是领出之后，再顺走 1 手牌，最后封顶牌回手，相当于打出了 3 手牌。

实例分析

级牌为 2，全手牌如下图所示，首圈由你领出，领出顺子 34567 可以用 10JQKA 回手，领出单张 10 可用大王回手，首圈建议领出单张 10。

假设，本家领出 10，下家跟出 Q，对家选择过牌，上家跟出 A，你可以顺走 2，下家跟出小王，你再出大王。

这种情况你就一圈打出了 3 手牌，之后如果下家出炸，你就可以过牌了。

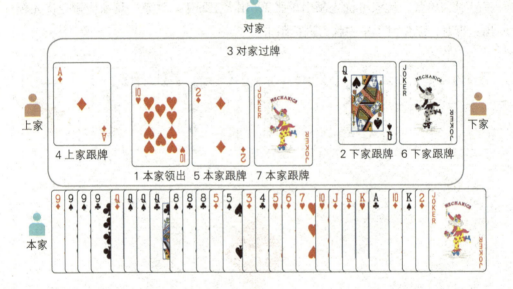

◎ 跟牌

跟牌是保留对手手牌中有的牌型，特别是上家。当上家领出牌型为你需顺走的牌时，你不仅可以顺牌，还能顶牌。

实例分析

级牌为 2，全手牌如下图所示，上家领出顺子 8910JQ，本家出炸，如果获得领出牌权便领出 888-33。

为什么不选择领出对子或单张呢？首先，三带对与顺子牌型相克；其次，上家领出顺子，对手的余牌中可能有 8~Q 之间的对子或单张，手牌中的 1010、AA、K、小王都有机会顺牌。

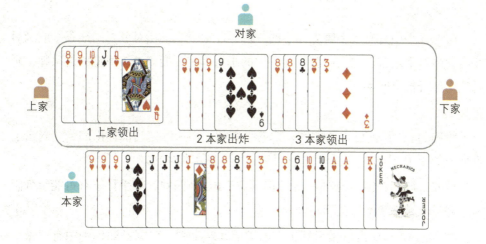

● 回手技巧

主攻方的手牌中不一定有每一种牌型的封顶牌，为了提高回手概率，需考虑对手的牌。

◎ 注意对手空门牌型

当对手玩家无法通过组牌去阻击本家的牌时，本家领出该牌型，对手大概率会过牌。

实例分析

级牌为2，手牌如下图所示，上一圈对家领出999-33，上家过牌，下家出4444上手，领出顺子8910JQ。从对手出牌情况推测其无三带对牌型，或者三带对的牌点在9以内，此时你可出同花顺56789上手，领出KKK-88，用AAA-QQ回手，再领出顺子78910J，余下炸弹和单张，等对家送牌。

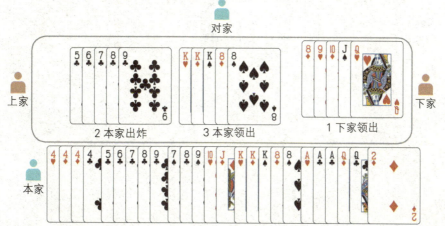

◎ **组牌适时出**

假设你手中只有 1 手牌点较小的三带对、顺子、三连对或三同连张，应延后领出，当对手玩家已出大组牌，你手中的小组牌有可能成为该牌型的封顶牌，延后领出便有机会回手。

实例分析

级牌为 2，目前已出两圈牌，你的手牌如下图所示，当前你出四张 3 阻击上家领出的顺子 23456，玩家都选择过牌，下一圈由你领出。

首先，放弃领出三连对 44-55-66，目前才出几圈牌，对手玩家有可能组牌阻击，并且红桃 2 须最后使用。

其次，AAA-JJ 也可延后领出，由于前几圈出牌，对家已知你手中有三带对牌型，会为你送牌。

你可选择领出 22，因为一对级牌只有王牌可压牌，你手中有一张大王，对手有一对小王的概率较低，对手想阻击你的牌只能出炸。如果对手不出炸，你可领出 AAA-JJ。

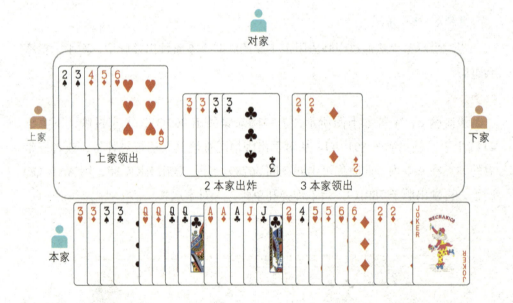

主攻方的出炸技巧

出炸的技巧我们在第 2 章介绍过，作为主攻方，除掌握之前学习过的内容，还需注意以下两点。

● 保留一炸

作为主攻方，需确保自己能闯关成功，炸弹牌型是成功进入闯关环节的保障，因此，只要对手不闯关，就不要把炸弹用完。

实例分析

级牌为 2，你的余牌如下图所示，你的手牌有 1 炸，需顺一手对子或三带对才能进入闯关阶段。上家领出顺子 8910JQ，且并非闯关，你应选择过牌，而非出炸，你可等待对手领出对子，或者对家送牌。

例如，你过牌之后，下家过牌，对家跟牌 10JQKA，上家过牌，下一圈由对家领出，对家已知你手中有三带对牌型，领出 555-33 为你送牌。

● 宁可出炸也要保留的牌

当你手中的某些牌灵活性高，威慑力大时，宁可出炸也需保留下这些牌。

例如，一对大王，拆开后是 2 手单张的封顶牌，当对手出一对级牌时，主攻方宁可出炸，也不要出一对大王。

例如，三张级牌，拆成一对和一单，当王牌出完之后，便可在单张和对子牌型上发挥绝对的控制力，因此，当对手出三带对时，你宁可出炸，也要保留这三张级牌。

实例分析

级牌为 2，你的全手牌如下图所示，下家领出 77，对家跟牌 AA，上家跟牌 22，你应选择过牌，让上家领出牌。

如果你想阻击上家，可选择出 AAAA，领出单张 Q，用大王回手。

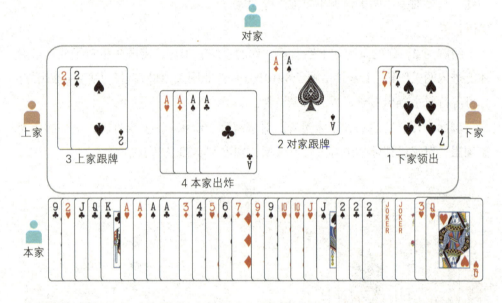

假设手牌不变，首圈由对家领出，对家领出 101010-33，上家跟牌 AAA-66，你手牌中有三张 2，可以组 222-99，但你需放弃组 222-99 阻击上家，应出 AAAA 阻击上家。首先，拆牌后会多出 2 手对子，其次，打出 222-99 之后单张和对子便没有优势了。

4.6

主攻方的闯关技巧

胜率高的闯关方式是炸弹闯关和封顶牌闯关，这两种闯关方式需谨防对手出炸阻击。因此，作为主攻方，在形成闯关之势前，首要任务是逼炸和诱炸，降低对手用炸弹阻击本家闯关的概率。

● 逼炸

作为主攻方，倒数第 3 手牌以逼炸为先，严防对手顺牌。特别是当用来闯关的炸弹牌点小时，如被对手顺牌，便有可能错失上游。

◎ 封顶牌逼炸

当你的余牌为炸弹 + 封顶牌 +1 手其他牌，下家余牌也有一炸时，你应领出封顶牌，逼对手打出最后一炸，如对手过牌，你便可继续领出，炸弹回手。

实例分析

级牌为 2，小王已成为单张的封顶牌，已知下家余牌 8 张，手中还有一炸，可推测其手牌中有对子。

假设本家和下家余牌如下图所示，当前由你领出牌，你应先出小王，逼下家出四张 Q，当下家领出 1010，你便可出四张 6 上手，再领出 88 获胜。

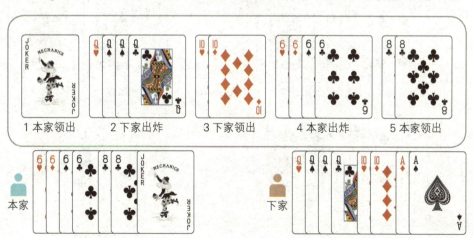

| 1 本家领出 | 2 下家出炸 | 3 下家领出 | 4 本家出炸 | 5 本家领出 |

本家

下家

注意，当对手余牌可能有 2 手炸弹时，你应领出牌点小或送牌困难的牌。

实例分析

级牌为 2，已知下家手牌中还有两炸，你和下家的手牌如下图所示，其中小王已成为单张的封顶牌。当前由你领出，你应该领出单张 10，留下封顶牌和炸弹。

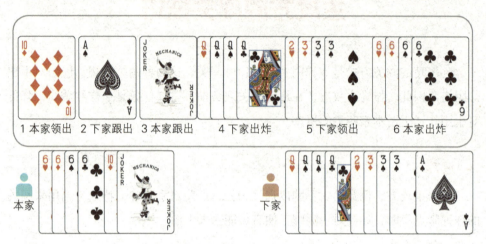

◎ **剩两炸先出炸**

当你手中有 2 手炸弹 +1 手其他牌，对手也剩 3 手牌，你只需再顺走 1 手牌就进入闯关环节时，你应先空投小炸，以防对手顺牌。

实例分析

级牌为 2，你和下家的手牌如下图所示，当前由你领出，你应该领出四张 4，逼对手先出炸，让下家以封顶牌的方式闯关，而非炸弹闯关。

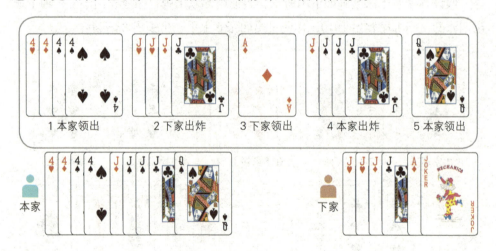

注意，当对手顺走 1 手牌之后，你手中有两炸，应出大炸阻击，以防对手出炸压牌。

实例分析

级牌为 2，你领出单张 Q，下家顺走单张 A，此时你需出四张 J 阻击，而非四张 4。如你出四张 4，下家就可以出四张 J，下家上手后领出大王，获得上游，你就错失了上游。

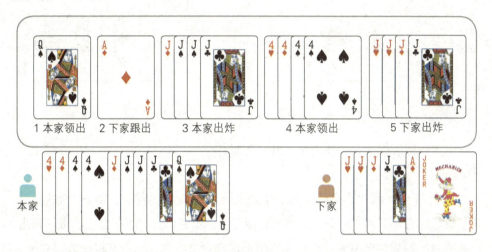

1 本家领出　2 下家跟出　3 本家出炸　4 本家领出　5 下家出炸

本家

下家

● **诱炸**

作为主攻方，通过出牌技巧骗取对手出炸，让对手的炸弹发挥最小的作用，让对手到最后闯关环节，无力阻击。

◎ **无炸诱炸**

假装闯关，混淆余牌牌型。

实例分析

10 为级牌，你和下家的手牌如下图所示。10 已成为单张的封顶牌，你可出顺子，假装闯关，对手出炸，看你余牌 2 张，必然不会出对子，但会出单张，你便有机会出 10 上手，并打出最后一张牌。

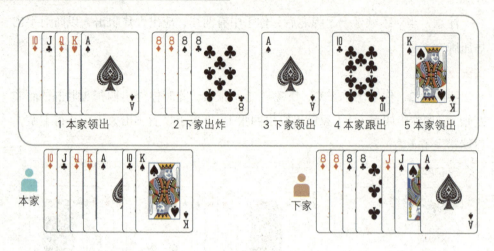

◎ 有炸诱炸

出大炸假装闯关，迷惑对手，让对手追炸。

实例分析

　　10 为级牌，你和下家的手牌如下图所示。你应领出顺子，留下 9 张牌，让下家认为你有顺子回手，下家必然出炸阻击，你跟牌出炸，下家会再次跟牌阻击，对手手牌中的炸弹已出完，之后无法阻击你和对家出牌，你们有机会取得双上。

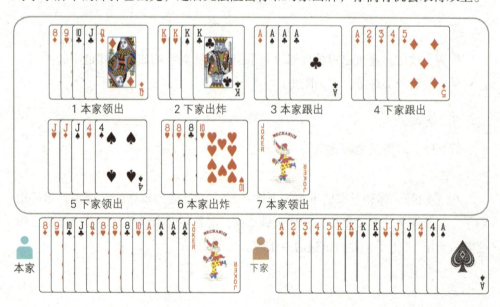

主攻方的留风技巧

留风是一方玩家打出的尾牌无人跟牌，下一圈由对家领出牌。通常，留风的尾牌是炸或封顶牌的成功概率高，但这需要玩家手牌牌力强。如果无法保留炸弹或封顶牌作为尾牌，也可以保留对家优势牌。

● 尾牌是炸弹

在掼蛋中有"炸不打四"的说法，也有"报五出单"示意对家接牌的说法（相关内容可查看信息的传递和残局攻防技巧）。当尾牌为牌点较大的五张数炸弹，且确定队友单张有封顶牌时，可拆炸出单张，示意对家接牌，让队友跑牌。

实例分析

级牌为 10，四家手牌如下图所示，当前由你领出，你应领出单张 A，让对家顺走大王。

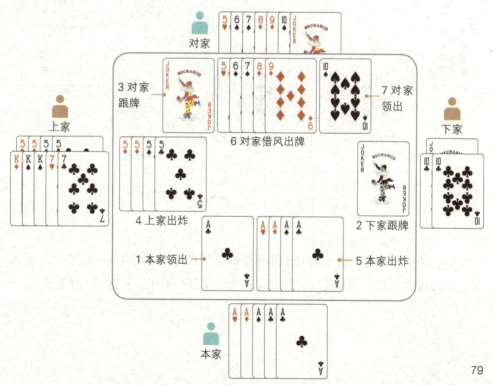

如上图所示，你领出单张 A 之后，对家顺走大王，剩下单张 10 和顺子 56789，上家出四张 5 阻击，你再出四张 A，队友借风出牌打出顺子 56789，因对手手牌中无炸弹和顺子，对家继续领出单张 10 成为二游。

如果本家直接打出五张 A，对家借风领出只能打出 1 手牌，最终会成为下游。

● 尾牌是封顶牌

在主攻方的闯关技巧中我们讲过，封顶牌一般用来逼炸，如果留风的尾牌是封顶牌，就需要玩家的封顶牌手数多，手牌牌力很强。

实例分析

级牌为 10，四家手牌如下图所示，当前由你领出，你应领出 1010，留大王作尾牌。

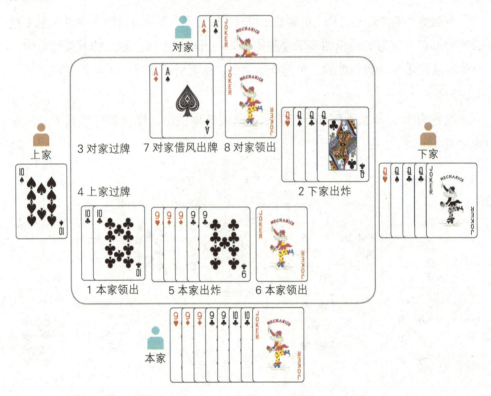

如上图所示，你手牌中的对子和单张都是封顶牌，留尾牌时一定要留方便队友送牌的牌型，利于队友送牌的牌型排序为：单张—对子—三带对/顺子。

● 尾牌是对家优势牌

当主攻方的炸弹和封顶牌需用来闯关，无法保留为尾牌时，主攻方的尾牌应保留对家的优势牌型，用尾牌为对家送牌，让对家顺走 1 手牌，甚至上手。

实例分析

级牌为 10，四家手牌如下图所示，对家的优势牌型为对子，当前由你领出，你应该领出单张 10，把对子留作尾牌。

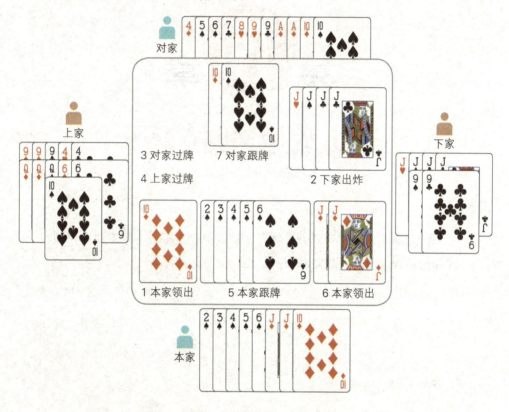

如上图所示，对家有一对 10，尾牌留 JJ 可由对家接牌，并且，如果手牌中的同花顺 23456 被对手压牌，也方便对家送牌。

第 **5** 章

助攻实战技巧

    作为助攻方的主要任务是辅助主攻方争夺上游。本章主要介绍助攻方如何组牌、救牌、攻防和留牌。

5.1

助攻方的组牌技巧

助攻方组牌要方便为对家送牌，以及顶对手的牌。组牌时不再考虑手数少、回手牌多和困难牌少的问题，而是应考虑牌路多、牌路活和炸弹多。

● 牌路多

助攻方在组牌时，需保留单张、对子、顺子和三带对这些高频牌型，以便为对家送牌。这些高频牌型的困难牌，不需通过组牌顺走，特别是单张和对子的困难牌，牌点小的单张和对子更有利于为对家送牌。

实例分析

级牌为 K，你的全手牌如下图所示，初步组牌后有顺子、三带对、对子和单张，在不了解对手和对家牌路的情况下，可暂时这样组牌。

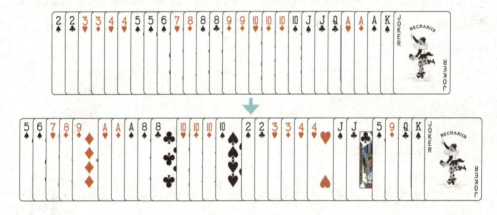

● 牌路活

作为助攻方，不可固化组牌方式，需保持牌路的灵活性，以便阻击对手的牌。

实例分析

继续以上图中的全手牌为例，当对手领出顺子牌型时，作为助攻方需改变牌型，组顺子 10JQKA 阻击对手，组牌变化如下图所示。

当对家领出三带对，上家出牌阻击时，你需组三带对的封顶牌以及小牌，组牌变化如下图所示，你应出 AAA-99 阻击上家，再领出 888-22 为对家送牌。

● 炸弹多

助攻方需不惜牌力阻击对手，炸弹牌型是最有效的阻击牌型。助攻方组牌时，炸弹越多越好，就算组炸后会增加手数，增加困难牌也要组炸。

实例分析

级牌为 K，你的全手牌如下图所示。手牌中有 8910 三张困难牌，无红心级牌和王牌，四张 6 和四张 7 牌点小，这种手牌应先辅助对家出牌，保留炸弹，不可拆牌组顺。

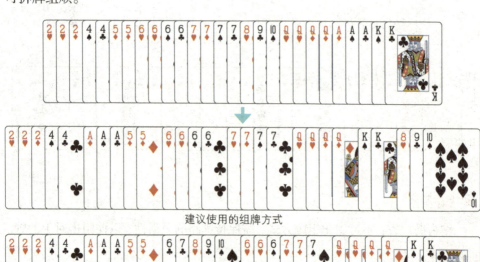

建议使用的组牌方式

不建议使用的组牌方式

助攻方的救牌技巧

救牌是对家需要你送牌，救牌时需注意以下要点。

● 确定对家牌型

了解对家的手牌情况是精准送牌的关键。

◎ 顺应对家

在对家出牌时，如对家主动领出某牌型，被对手阻击，当你上手后，应主动领出该牌型。

实例分析

级牌为 K，对家领出单张，下家出大王阻击，当前领出顺子 78910J，你可以跟出顺子 10JQKA，上手后再领出单张 6。

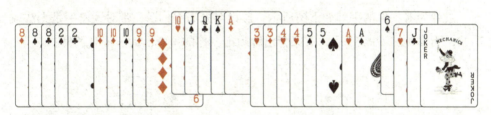

◎ 送对家优势牌型

在出牌过程中，通过观察对家不要的牌和顺走的牌，大概可以推测对家手中的优势牌型。

实例分析

级牌为 K，对家不要三带对，顺牌打出顺子，大概可以推测对家手中有大对子。你的手牌如下图所示，当前由你领出，你可领出 44。

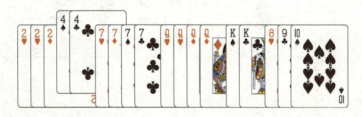

◎ 送下家不要的牌型

当你不确定对家手牌情况时，需领出下家不要的牌型，以防下家顺牌。

实例分析

级牌为 K，下家之前不要 1010，可推测下家的对子牌点小于 10，或者下家的手牌中没有对子。你的手牌如下图所示，当前由你领出，你可领出 1010。

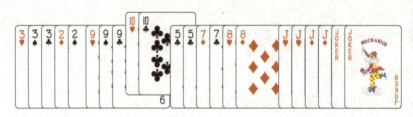

● 考虑下家的阻击能力

下家有两种方式阻击你送牌，一是出大牌顶牌，二是出炸压牌。在救牌时需考虑被下家阻击一次的可能。因此，对家需救牌的牌型你至少要有 2 手，并且需要有一次回手能力。

实例分析

级牌为 K，你的手牌如下图所示，假设对家需要你送三带对大概率是无法成功的，当你领出 666-55 后，下家会出牌阻击，你的手牌已无三带对牌型。

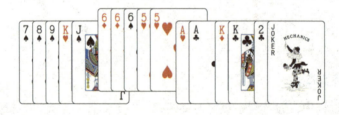

假设对家需要你送对子，因为你手中有 3 手对子，甚至有一对级牌，这种情况可以为对家送牌。

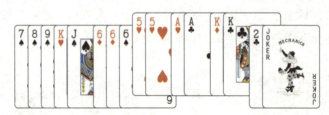

● **救牌的方式**

在确定下家有能力阻击你时，你应该先出大牌，消耗下家牌力，再出小牌来救对家。

实例分析

级牌为 K，本家、下家和对家的手牌如下图所示。当前由你领出，你先领出 AA，让下家阻击，下家过牌，推测下家和对家的对子在 A 以内；再领出 55，下家出 AA 阻击，你再用 KK 回手，上手后领出 66。

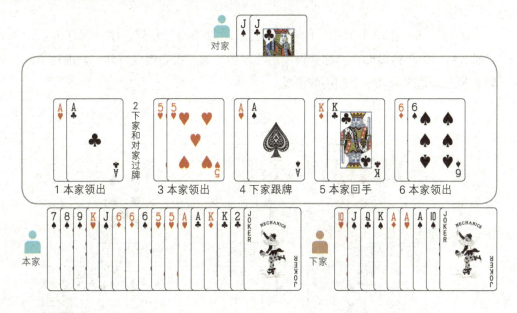

5.3

助攻方的攻防技巧

作为助攻方需要了解攻击的对象、阻击的牌型、防守的对象和需要严防的牌型。

● 助攻方的攻击

助攻方攻击的对象为上家，以下分别介绍助攻方需要阻击的牌。

◎ 阻击三带对和顺子

在一副牌前期，上家首圈领出牌为三带对或者顺子时，你需不惜牌力进行阻击。

第 2 章实战技巧中的领出牌技巧已经介绍过，首圈领出三带对或者顺子需要有封顶牌回手，当上家主动领出这两种牌型时，说明其手牌中有回手牌。

实例分析

级牌为 K，你的手牌如下图所示，上家领出顺子 34567，你应该打出顺子 10JQKA，而非 8910JQ。当你获得领出牌权后，为了稳妥起见，你应领出对子，因为你不知道下家和对家的手牌情况。

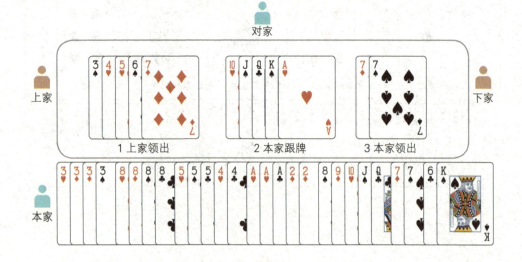

◎ 阻击对子和单张

对子和单张是最常见的牌型，当上家首圈领出牌为单张时，本家只需出牌点为 J~A 之间的单张即可，以免阻碍对家出牌。当上家首圈领出对子时，在情况不明时，本家跟小对子即可。

当对家领出单张和对子，上家出牌阻击，你需遵循"高阶低送"的原则，出大牌压牌，如果上手，便领出同一牌型的小牌为对家送牌。

实例分析

级牌为 K，你的手牌如下图所示，对家领出 99，上家跟牌 AA，此时你可以出 KK，再领出 55。

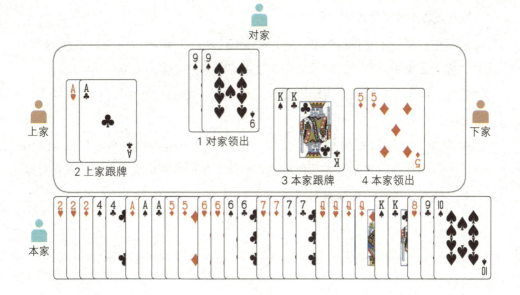

◎ 阻击封顶牌

阻击封顶牌只能出炸，为了不浪费牌力，需在以下两个情况下出炸阻击。

一是上家出封顶牌的意图是为下家送牌，二是已知对家优势牌型。

实例分析

级牌为 K，你的手牌如下图所示，K 已出三张，下家要顺子，对家不要对子和顺子。当前对家领出 JJJ-33，上家出 AAA-55，此时，上家出封顶牌的意图大概率是为下家送牌，你应出 9999 阻击，并领出 666-77。

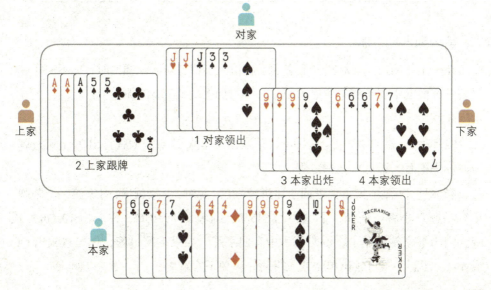

◎ 阻击三连对和三同连张

这两种牌型是不常见的牌型，当上家领出这两种牌型时，对家不一定能跟牌。此时，你需尽量组牌阻击，如果无法通过组牌阻击便过牌，交给对家处理。

注意，在不确定对家是否能跟牌前，不可出炸阻击，以免阻碍对家出牌。

实例分析

级牌为 K，你的手牌如下图所示，上家领出 77-88-99，你可以跟 88-99-1010，不可出炸，以免对家无三连对跟牌，使上家再次获得领出牌权，或者对家需要顺三连对，因你出炸而被阻挡。

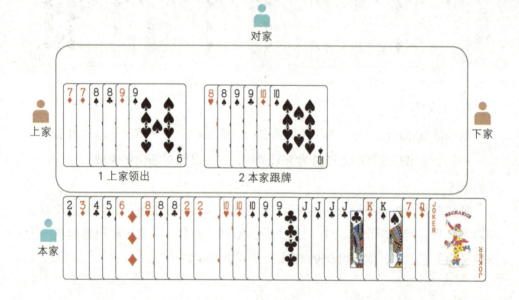

◎ 前期不压下家的牌

在一副牌的前期，对家和下家的手牌情况不明，当下家领出时，你不需压牌，否则一方面会不利于收集对家牌情，另一方面会妨碍对家顺牌。

实例分析

级牌为 K，你的手牌如下图所示，下家领出单张 6，对家顺牌打出 9，上家过牌，即便你手中有大王也应选择过牌。

当你过牌后，下家出大王回手后继续领出。此时，下家领出，对家第一个跟牌，很容易顺走小牌。例如，下家领出 34567，对家跟 8910JQ，你应出 10JQKA 顶牌，因为下家领出顺子，说明其手中有回手牌，如果下家过牌，你可以领出 QQ 或 444。注意，不可领出单张或三带对，以免下家顺牌。

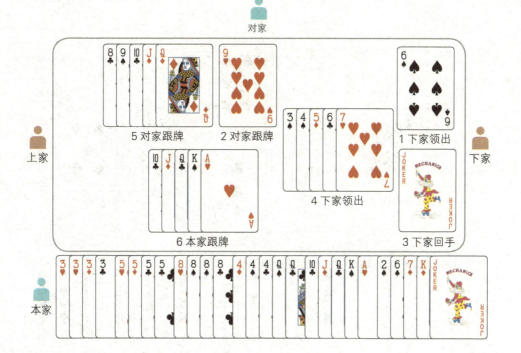

◎ 炸弹主打上家

炸弹牌型是稀缺资源，作为助攻方的牌力本来就弱，炸弹手数少，因此，需谨慎使用炸弹。助攻方的炸弹一般主打上家，次打下家。

用炸弹阻击上家，获得领出牌权后，不需要担心上家顺牌。

用炸弹阻击下家，获得领出牌权后，需考虑下家手牌，谨慎领出，避免下家顺牌。

当你手中只有一炸时，优先考虑炸上家的炸弹。

实例分析

级牌为 K，你的手牌如下图所示，对家领出顺子 45678，上家出 10101010，此时你就可以出 33333，如果获得领出牌权便出顺子 678910 为对家送牌。

假设，你出 33333 后，下家跟牌出同花顺 A2345，则可判定下家没有顺子，并且这一圈出牌中你用一炸换了对手两炸。

通过牌型相生相克原理，下家没有顺子，则大概率有三带对，下家上手后便会领出三带对，你可跟出 AAA-77，上手后先领出顺子 678910 为对家送牌。

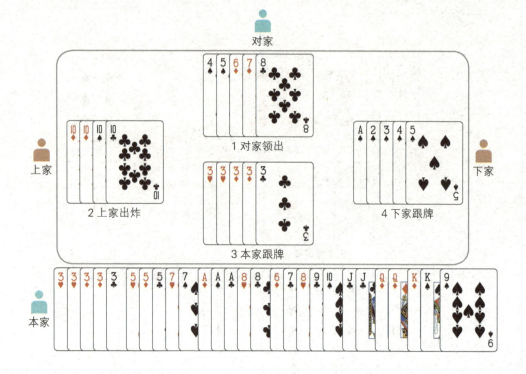

● 助攻方的防守

助攻方防守的对象为下家，以下介绍需要严防的牌型，以及防守的技巧。

◎ 严防单张

如果单张无法通过组顺子顺牌，并且牌点在 10 以内，那基本只能通过领出牌才能打出。如果玩家手牌中单张多，牌点小，那基本与上游无缘。

作为助攻方，必须严防单张，防单张应出花牌（J、Q 和 K），不可出 10 以下的单张。

实例分析

级牌为 K，你的手牌如下图所示，上家领出 6，你应出 Q，不要出太大的单张，以免妨碍对家顺牌，也不能出太小的单张，以免下家顺牌。

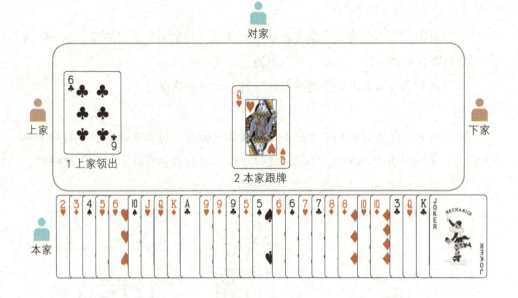

◎ 严防对家的空门牌型

当对手领出某牌型后，对家过牌，则表明对家没有这种牌型，此时，你必须严防这种牌型，应出封顶牌压牌，如没有封顶牌，则应出炸，以免对手主攻该牌型。

实例分析

级牌为 K，你的手牌如下，下家领出 1010，对家过牌，此时，你应该出 KK阻击，如果上手，可领出单张 Q。注意，在情况不明时，不要领出三带对和顺子，以免下家一次顺走 5 张牌。

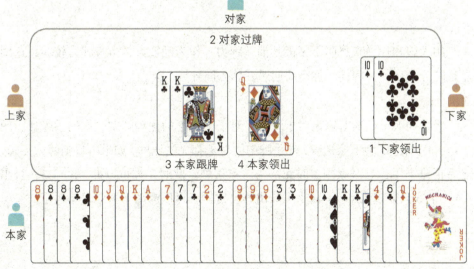

◎ 漏防对家需要顺走的牌

在实战中，经常会遇到下家需要顺走的牌也是对家需要顺走的牌，你一味地出大牌顶牌，虽然防守了下家，但也阻碍了对家。

当遇到下家与对家需顺走的牌型相同时，你可以选择过牌。

实例分析

级牌为 K，已知对家和下家都不要单张和三带对，可推测他们手中有对子和顺子。上家领出顺子 34567，你应该过牌，让对家有机会顺牌，例如你过牌后，下家跟出顺子 678910，对家跟出顺子 8910JQ。

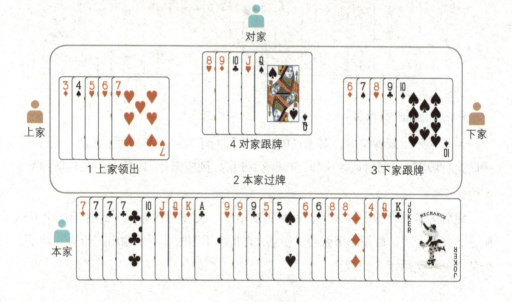

◎ 通过变牌防守下家

用大牌和炸弹来严防下家极其消耗牌力，作为助攻方，本身牌力较弱，这明显是防守不住的，因此，你需要通过变牌去防守。

实例分析

级牌为 K，已知对家无对子牌型，对子是下家的优势牌型。你的手牌如下图所示，上家出 33 为下家送牌，你手牌中的对子都无法压牌，如果出炸则牌力下降，之后很难上手，在对家闯关时无法为对家送牌。此时，你可以拆 AAA-33，打出 AA，下家只能出 KK、一对小王或出炸，这样就可以严防下家顺走小对子。

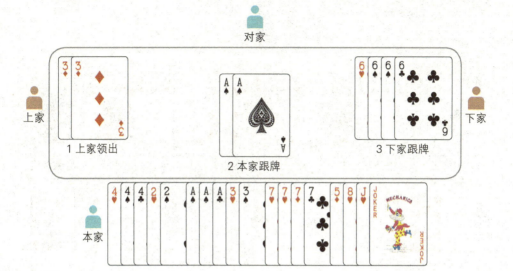

5.4

助攻方的留牌技巧

留牌是进入残局阶段时为了方便为对家送牌而应保留的手牌，或者是为防止上家送牌而应保留的手牌。

通常，进入残局阶段需要送牌的牌型多为单张或对子，而非三带对和顺子。三带对和顺子牌型在残局阶段组牌的成功率较低，并且最多只能送一次牌。作为主攻方，必然会保留单张或对子，并且牌点较大，以增加送牌的成功率。

● 顺应对家

进入残局阶段，助攻方需观察对家出牌情况，保留对家需送牌的牌型。

实例分析

级牌为 K，对家余牌 1 张，有一张大王未出，推测对家余牌为王牌。本家、下家和对家的手牌如下图所示。当前由你领出，你应该用红桃 K 组四张 10，打出单张 A，剩下单张 JQ，下家定会出炸阻击，再领出三带对，你再出炸，上手后领出单张 J 成功为对家送牌。

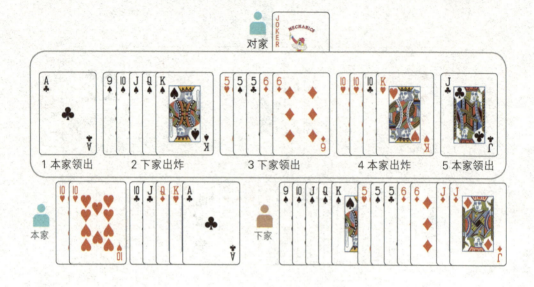

● 迷惑上家

当下家需要送对子、三带对或顺子时，你可通过余牌数迷惑上家，让上家以为你需要顺走相同牌型。

实例分析

级牌为 K，下家余牌 2 张，上家有一炸，玩家手牌如下图所示。当前由你领出，你领出单张 K，余牌两张，让上家以为你有一对 A，因此，上家出炸之后，可能会领出单张。

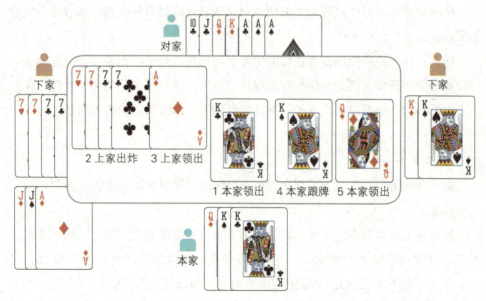

附录　掼蛋术语

◎ **本家、对家、上家和下家**

玩家本人称为本家。

本家的搭档称为对家。

本家左方的玩家称为上家。

本家右方的玩家称为下家。

◎ **一副牌**

四名玩家从抓第一张牌开始到产生上游、二游、三游和下游（含双下情形）的全过程。

◎ **全副牌**

在一副牌中，四名玩家所抓（发）得的全部牌张，共有 108 张。

◎ **全手牌**

全副牌被四名玩家按序抓完，每名玩家应持有的全部牌张为 27 张。

◎ **一手牌**

一名玩家一次所打出的牌，可以是一张牌，也可以是多张牌。

◎ **一圈牌**

四名玩家按序出牌、逐级压制的过程。一圈牌中可以有人不出牌，连续三人过牌不出时，该圈结束。

◎ **领出牌**

每圈牌首先出的一手牌。

◎ **上游、二游、三游、下游和"双下"**

一副牌中，按玩家出完各自全手牌的先后，称为上游、二游、三游和下游。如一方的两位玩家获得上游和二游，则对方的两位玩家被称为"双下"。

◎ 升级

只有上游一方可以升级。搭档二游，升三级；搭档三游，升二级；搭档下游，升一级。

◎ 过 A

A 必打，不能通过升级跳过 A。过 A 指打 A 方的一位玩家是上游，并且其搭档不是下游。

◎ 级数

从 2 至 A 的从小到大依次排列的每一个序数，包括 2、3、4、5、6、7、8、9、10、J、Q、K、A 共十三个级数。

◎ 级牌

牌点与上副牌上游所升至级数相同的牌为级牌，共 8 张。首副牌的级牌为 2。

◎ 红心级牌

红桃花色的级牌。红心级牌可以替代大王、小王以外的任意牌张，从而参与不同牌型的组合。